L'ITALIE
DE NOS JOURS

PAR

EDMOND ROCHE

PARIS

H. MANDEVILLE, LIBRAIRE-ÉDITEUR

RUE GUÉNÉGAUD, 27

ET CHEZ LES PRINCIPAUX LIBRAIRES DE LA FRANCE ET DE L'ÉTRANGER.

1860

Imprimerie de P.-A. BOURDIER et Cie, rue Mazarine, 30.

H. MANDEVILLE, éditeur, 17, rue Guénégaud, à Paris.

L'ITALIE DE NOS JOURS

PAR EDMOND ROCHE.

Il suffirait des grands événements dont l'Italie vient d'être le théâtre pour justifier l'actualité de la publication que nous entreprenons. Mais, outre l'intérêt qui s'attache au présent, l'Italie a derrière elle un passé de gloire et de souvenirs, source féconde de recherches pour l'écrivain et d'intérêt pour le lecteur.

L'ouvrage que nous annonçons est combiné de manière à faire connaître, sous une forme à la fois libre et pittoresque, l'Italie sous le double aspect de l'art et de l'histoire.

Nous voyagerons à pied, le sac au dos, le bâton à la main, nous arrêtant partout où la tradition, la science, l'archéologie, la peinture, la poésie, nous offriront quelque merveille à saluer, quelque grand spectacle à décrire, passant des musées aux champs de bataille, des palais aux églises, de Dante à Pétrarque, de Michel Ange à Raphaël, variant sans cesse nos récits et nos impressions, subordonnant l'imagination et la fantaisie aux exigences sérieuses de notre sujet.

Les illustrations qui accompagnent le texte sont l'œuvre des artistes les plus distingués; reproduites par le burin des plus habiles graveurs de l'Angleterre, elles ne pourront qu'ajouter à la réputation spéciale que s'est acquise notre maison depuis longues années par ses publications successives. Ce sera un nouvel ouvrage digne en tout de ses aînés : la *France au dix-neuvième siècle*, le *Danube*, la *Suisse pittoresque*, etc., etc., et tant d'autres publications, qu'il suffit de nommer pour rappeler aux amateurs de beaux livres tout ce qu'ils peuvent attendre de cette nouvelle entreprise, et pour être sûr à l'avance de leur concours sympathique et intelligent.

CONDITIONS DE LA PUBLICATION.

L'ITALIE DE NOS JOURS formera environ 32 Livraisons in-4°, contenant chacune de 4 à 8 pages de texte, imprimé sur papier vélin superfin satiné, et une gravure due aux plus habiles artistes anglais. — Il en paraîtra régulièrement une Livraison, le 1er et le 15 de chaque mois, au prix de 60 centimes, ou une livraison double dans le courant du mois.

Une Table indiquera à la fin de l'ouvrage la place des gravures au relieur.

Paris. — Imprimerie de P.-A. BOURDIER et Cie, 30, rue Mazarine.

1860

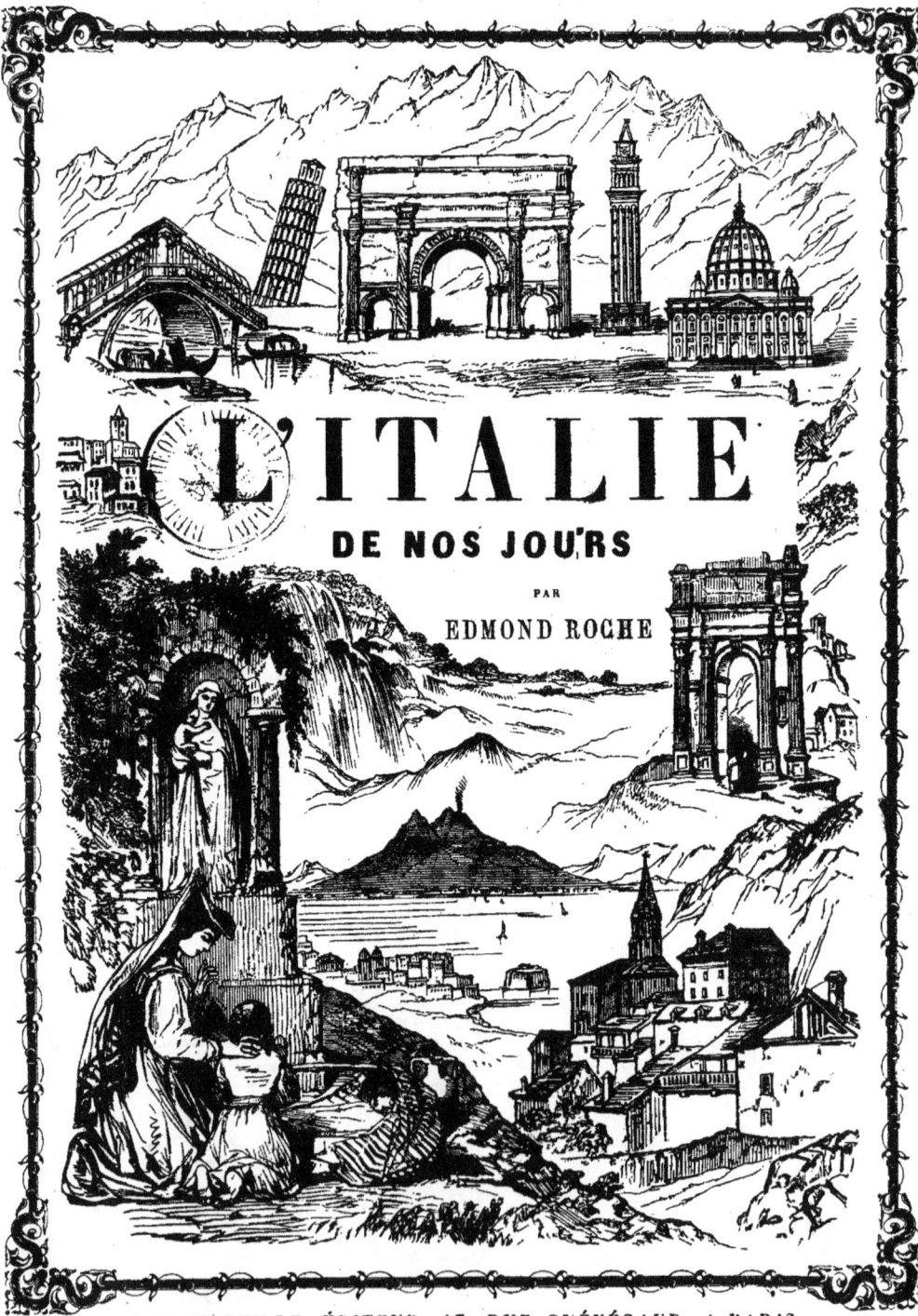

TABLE DES CHAPITRES

CHAPITRE I.	— Projet de voyage.	1
— II.	— Départ.	7
— III.	— De Nice à Gênes.	11
— IV.	— Alexandrie.	21
— V.	— Turin.	25
— VI.	— Novare.	29
— VII.	— Magenta.	38
— VIII.	— Milan.	45
— IX.	— Milan (Suite.).	83
— X.	— Pavie, Plaisance, Parme.	93
— XI.	— Reggio, Modène, Bologne.	111
— XII.	— Florence.	123
— XIII.	— Pise, Livourne, Civita-Vecchia.	165
— XIV.	— Rome.	177
— XV.	— Pérouse, Ancône, Ferrare, Padoue.	186
— XVI.	— Venise.	193
— XVII.	— Vicence, Vérone, Mantoue, Brescia, lac de Garde.	196
— XVIII.	— Lac de Lugano, lac de Come. (Retour en France).	202

TABLE DES GRAVURES

Turin (*Frontispice.*) Tivoli (*Gravure de titre.*)

Nice.	12	Pérouse	186
Gênes	14	L'arc de Trajan, (Ancône).	188
Milan	45	Ferrare	189
Tombeau St-Ambroise, (Milan).	67	Padoue	191
Pavie	93	L'Église Saint-Georges-Majeur.	
Parme.	102	(Venise)	193
Modène	113	Salle des Cinq-Cents. (Venise).	195
Bologne	118	Vicence	196
Florence et Fiesole.	123	Vérone.	197
Cour du Vieux-Palais,(Florence).	130	Amphithéâtre de Vérone.	198
Pise, (le Baptistère, la Cathédrale et la Tour penchée).	165	Mantoue.	199
		Brescia	200
Livourne	172	L'île de Lecchi, (lac de Garde).	201
Pont Saint-Angelo, (Rome).	177	Lac de Lugano.	202
L'Église de Saint-Pierre, (Rome).	184	Lac de Côme.	203

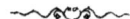

L'ITALIE DE NOS JOURS

I

PROJET DE VOYAGE.

Voir, c'est savoir.

Où le lecteur fait connaissance avec un peintre, un historien et un poëte. — Un livre maltraité. — Insurrection d'Ernest. — Réponse victorieuse de Léon. — La révolte capitule. — On fixe le jour du départ. — Manifeste du caissier de l'expédition. — Exposé du plan du voyage. — Allocution du chef d'équipement.

oin de moi les bouquins et les descriptions! fit Ernest en jetant le livre au milieu de l'appartement.

— Voilà deux jours que tu maltraites singulièrement ma bibliothèque, dit Léon, en ramassant le volume et en l'examinant avec une paternelle sollicitude.

— Tu nous dois l'explication de cette mauvaise humeur, Ernest, hasardai-je à mon tour.

— Une délicieuse reliure de Capé, reprit Léon en palpant le livre avec la précaution d'un médecin appelé près d'un passant qui vient de faire une chute.

— Tes livres m'obsèdent, répliqua Ernest avec vivacité, je dirai plus : ils m'irritent ; je trouve qu'il est superflu de prendre sans cesse l'avis des autres, et qu'il serait temps de voir par nous-mêmes ce que nous voulons voir.

— Ma foi, dis-je à Léon, franchement, je suis de l'avis de maître Ernest.

— Toi aussi, me répondit-il avec un douloureux étonnement ; un poëte qui fait fi des précieuses ressources de la science, de l'histoire, de l'archéologie, c'est déplorable, c'est à ne plus croire à rien.

— Il n'est pas besoin de pâlir sur un amas *d'in-folio, d'in-quarto, d'in-octavo*, pour entreprendre un voyage en Italie, dit Ernest avec décision ; peu m'importe le passé ; je suis de mon époque et c'est mon époque que je veux connaître.

— Merveilleuse façon de raisonner, vraiment! fit Léon avec un sourire de fine raillerie : ainsi, les études de nos illustres devanciers sont lettre morte, toi seul verras bien ce qu'il faudra voir, toi seul formuleras l'appréciation exacte des hommes et des choses, toi seul discerneras le vrai de l'erreur, le beau du laid ; en vérité, c'est par trop audacieux.

— Audacieux tant que tu voudras ; mais mon avis est qu'à force de rabâcher incessamment les opinions des autres, on finit par abdiquer sa personnalité ; on s'identifie avec les sentiments et les opinions de ces illustres devanciers dont tu me parlais tout à l'heure avec tant d'emphase ; on en arrive à ne plus voir que par eux, et à chausser avec docilité des bésicles rétrospectives qui vous faussent le regard et vous fatiguent le promontoire nasal.

— Eh bien! fixons le jour du départ, mes amis, dis-je, croyant par cet argument terminer la discussion.

— Là n'est pas la question, reprit Léon avec feu ; il est évident que demain, ce soir, nous pouvons nous mettre en route ; mais je tiens à prouver à mon frère que j'étais dans le vrai en insistant pour que nous nous livrions tous trois à ces études préparatoires, que je considère comme indispensables. Eh quoi! nous formons un beau jour le projet de visiter l'Italie, la nation mère du monde moderne, le sol où se sont débattues et où se débattent encore les destinées de l'humanité, ce grand foyer intellectuel d'où les conquêtes des sciences et les splendeurs des arts ont rejailli sur toute l'Europe, d'où est parti le mouvement politique, le mouvement religieux, le mouvement artistique ; ce pays dont l'histoire est notre histoire, dont le passé côtoie notre passé, dont le présent intéresse notre présent, et nous Artistes, nous fils de l'intelligence, nous ferions comme le bourgeois stupide qui voyage sur la foi des itinéraires et des cicéroni, et qui, en fait de souvenirs, rapporte triomphalement une broche en mosaïque pour madame et la recette du macaroni pour sa cuisinière! Non, continua-t-il avec une éloquence entraînante, je n'admets pas une pareille aberration d'esprit : en ma qualité de prétendant futur au noble titre d'historien, j'ai consciencieusement relu avec amour tous les écrivains anciens et modernes de l'Italie : César, Tacite, Suétone, Salluste, Machiavel, Zani, le comte Daru, Sismondi, Cantu et tant d'autres ; toi, dit-il en se tournant vers Ernest, j'ai eu soin de te faire connaître tout ce qui a rapport à la peinture et à la sculpture non-seulement par les livres, mais en allant examiner ensemble les originaux et les copies des chefs-d'œuvre de Raphaël, du Titien, de Tintoret, de Véronèse, du Corrège, du Dominiquin, enfin de tous les maîtres, depuis les gothiques jusqu'aux modernes ; quant à toi, me dit-il, en ta qualité de poëte, de fils aimé de la Muse, tu as vécu en douce compagnie avec Dante, Pétrarque, le Tasse, l'Arioste, l'école Berniesque étincelante d'une fantaisie délicate, Goldoni, Alfieri, Gozzi, Manzoni, Caporali, Léopardi ; et comme la Musique est sœur cadette de la Poésie, et que tu as l'heureux privilége d'être à la fois musicien et poëte, tu as demandé le secret de leur art à tous les maîtres, depuis Palestrina jusqu'à Rossini ; en fait d'Archéologie, nous avons fraternellement accompli ensemble notre tâche, les ruines et les palais trouveront à qui parler, et je puis le dire avec l'orgueil d'une conscience satisfaite, nulle part nous n'aurons à subir l'embarras de l'ignorance ; nous sommes devenus antiquaires : nous avons étudié les poteries de Faenza, les verreries de Venise, les faïences de Lucca della Robbia, les majoliques de mastro Giorgio, les gravures de Marc-Antoine Raimondi, les ciselures de Benvenuto Cellini, de Ghirlandajo, et tout ce monde de statues qui jaillit du marbre de Carrare de Michel-Ange à Canova. Eh bien! moi historien, toi peintre, toi poëte, si Dieu a déposé en nous ce rayon d'intuition qui constitue le génie, nous verrons toutes ces choses non par les yeux de nos devanciers, mais par le regard intérieur agrandi et assuré par eux ; notre angle visuel s'arrêtera sur un aspect inaperçu, particulier à notre organisation, et nous créerons, parce que nous aurons vécu dans la société intime des créateurs. J'ai dit.

— Et tu as merveilleusement dit, m'écriai-je enthousiasmé ; la révolte capitule, Ernest et moi demandons merci ; tu as eu raison, dix fois, cent fois raison !... Quand partons-nous ?

— Quand vous voudrez, répliqua Léon heureux de son triomphe.

— Alors, allons demain matin aux passe-ports, faisons nos malles le soir, et en route après demain matin, dit Ernest.

— Après demain, c'est convenu, dit Léon.

— C'est convenu, repris-je : après demain nous disons adieu au macadam, aux boulevards constellés de tiers d'agents de change et de courtiers marrons ; nous fuyons les cancans des journaux, les médisances des salons ; nous dépouillons l'habit parisien pour endosser le costume commode du cosmopolite. Oh! mes amis :

« Voyager en artiste, un bâton à la main,
« Sac au dos, feutre au front, l'allure insoucieuse,

« Jeter à tous les vents son âme aventureuse,
« Ne pas regretter hier en pensant à demain,
« S'écarter à plaisir de la route suivie,
« Marcher libre et joyeux, c'est une noble vie. »

Pardonnez-moi cette réminiscence poétique, mais elle est en *situation*, comme disent les auteurs dramatiques.

— Tu es tout pardonné, dit Ernest; citer rentre dans tes attributions.

— Sans doute, dit Léon; mais, puisque nous en sommes sur ce chapitre, entendons-nous une dernière fois. Vous m'avez nommé le caissier de la troupe, chacun de vous me remettra donc demain la somme fixée; je commencerai mes fonctions par inscrire l'article passe-ports sur mon carnet de dépense; et, à ce propos, je vous avertis à l'avance que je tiendrai serrés les cordons de la bourse commune; je n'admettrai les *extra* qu'après une étape fatigante ou dans les cas exceptionnels; est-ce convenu?

— C'est convenu.

Maintenant, Ernest a dû tracer l'itinéraire raisonné du voyage, j'en demande immédiatement la communication.

— Voici, dit Ernest en posant sur la table une carte d'Italie sur laquelle un mince filet bleu indiquait notre route, attention : Nous sortons de France par Antibes et Saint-Laurent-du-Var, nous arrivons à Nice, de Nice nous gagnons Gênes par la route de la Corniche; j'indique en passant Monaco et Mantoue; nous voici à Gênes. Viennent ensuite Alexandrie, Turin, Milan, Novare, Pavie, Parme, Plaisance, Monza, Côme, les îles Borromées, Bergame, Brescia, Vérone, Mantoue, Padoue, Vicence, Venise où nous arriverons en gondole par Malghera et Canareggio, en nous arrêtant à la station de Mestre; puis ensuite Ferrare, Modène, Bologne. Nous passons les Apennins et nous visitons ensuite Florence, Pise, Livourne, Sienne, pour delà pénétrer dans les États romains; qu'en dites-vous?

— C'est splendide sur ma foi, répliquai-je; maintenant, laissez-moi remplir à mon tour mes modestes fonctions d'inspecteur des ustensiles, hardes et objets de voyage. Le costume est ainsi composé : chapeau de feutre à larges bords, jaquette, pantalon et gilet en toile grise, guêtres et jambières de même couleur; quant au contenu du sac, les objets indispensables placés, chacun remplira le sien selon ses goûts; nous avons encore notre pique ferrée, souvenir de notre voyage en Suisse; tout est bien. Bonsoir donc, mes très-chers; dans deux jours, en route!

II

DÉPART.

Adieux à Paris. — Promenade aux Champs-Élysées. — Hallucination. — L'Italie m'apparaît. — Moyen ingénieux de cacher sa bourse. — Invocation à Venise. — Invocation à Rome. — Rencontre imprévue. — Les louis d'or pour les moineaux. — Il signor Luigi. — Conseils aux voyageurs futurs. — Départ.

— Ainsi donc, nous partons demain, me dis-je après avoir quitté mes amis. Ma foi, tant mieux ! Me voilà délivré pour deux bons mois des ennuis de la vie parisienne : recherche du nouveau, soucis de la production, fièvre de l'idéal, j'espère bien être quitte de vous en passant la barrière !

Tout en m'adressant ce monologue, je marchais à l'aventure et je me trouvai bientôt dans une allée des Champs-Élysées. Minuit sonnait : le calme envahissait cette grande avenue, et ses beaux arbres, éclairés par les reflets d'un splendide clair de lune, dessinaient majestueusement des groupes immobiles ; quelques voitures attardées regagnaient en toute hâte leur destination ; je les voyais s'avancer comme des créatures fantastiques aux yeux ardents, aux mouvements rapides, passant et disparaissant dans la nuit. « Le ciel, selon l'admirable expression de Camoëns, se paraît d'étoiles comme un champ se pare de fleurs, » et je marchais lentement, savourant avec recueillement cette merveilleuse poésie dont j'étais comme enveloppé.

Naturellement je pensais à mon voyage, et mon imagination galopait librement dans le vaste champ des aventures. L'Italie tout entière surgissait dans un lointain mystérieux, et, chose étrange, les grands hommes de toutes les époques m'apparaissaient réunis par la sympathie de leurs œuvres ou de leurs aspirations ; le moine Savonarole tendait la main à l'illustre Manin le dictateur de Venise, Raphaël dissertait avec Canova, Dante s'entretenait avec Michel-Ange des cercles ténébreux de l'enfer, Pétrarque contait ses éternelles amours au Corrège qui l'écoutait en songeant à son Antiope, Volta et Galvani échangeaient des confidences sur les forces inconnues de la nature, Titien parlait de la lumière avec Galilée qui levait son puissant regard vers les profondeurs du ciel, Machiavel et César discutaient sur la politique, dans l'ombre des ombrages idéals que je parcourais, Virgile développait à Torquato Tasso les lois de l'épopée, et l'Arioste improvisait des légendes de chevalerie, dans cette belle langue dont les octaves sonnent comme l'acier de l'armure et frémissent comme les cordes de la lyre !

Je ne sais comment, au milieu de cette rêverie, il me vint à l'esprit que j'avais dans mon porte-monnaie quelques pièces d'or dont un malencontreux voleur pourrait fort bien s'emparer. Je ne suis pas poltron, mais je suis prudent ; aussi, tout en continuant mon rêve, je cherchais le moyen de soustraire mon trésor aux recherches du larron s'il se présentait. J'eus alors la triomphante idée de réunir mes louis d'or dans un papier et de les insérer dans mon brodequin : « De cette façon, me dis-je, je défie l'ombre de Cartouche même de s'enrichir à mes dépens. »

« O Venise, m'écriai-je pris d'un délire poétique, reine de l'Adria-
« tique, ville aimée des poëtes, fiancée de la mer, qui reçut tant de fois
« ton anneau d'or en signe d'union, Venise que les flots entourent de

« leur ceinture mouvante, que la lumière caresse comme une préférée,
« Venise, que l'étranger à son départ regrette comme une patrie, ville
« des rêves réalisés, des splendeurs accomplies, ville dont le lion symbo-
« lique ouvre ses ailes d'airain pour s'élancer dans l'infini du ciel libre,
« Venise, toi la ville des lagunes, des canaux sinueux où la gondole file
« comme l'hirondelle en effleurant l'eau bleue, ville de Titien, de Véro-
« nèse, de Tintoret, de Palladio, de Scamozzi, de Sansovino, de Vittoria,
« d'Aspetti, de Campagna et de tant d'autres artistes oubliés maintenant,
« et cent fois plus dignes de l'immortalité que nos immortels du jour.
« Venise! Venise! je vais donc te voir! Je vais donc poser mes pieds sur
« ton escalier de marbre, troubler l'auguste silence de tes palais, m'age-
« nouiller dans tes églises, aspirer ton air et vivre sous ton ciel! Vrai-
« ment! je n'ose y croire encore.

« Et toi, Rome, ville éternelle, mère des nations modernes, grave
« matrone endormie dans les splendeurs de ton passé, nourrice des
« Césars, si grande dans tes ruines que tu forces l'admiration et com-
« mandes le respect, ville de Michel-Ange et de Raphaël, de Léon X et
« de Sixte-Quint, Rome qui.... »

— Diable! il paraît qu'en marchant un caillou s'est glissé traîtreuse-
ment dans mon brodequin : débarrassons-nous au plus vite de ce supplice.

Et j'envoyai l'objet rouler à dix pas de moi.

« Et vous, continuai-je, vous, perles de ce riche diadème, Florence,
« Milan, Pise, Ferrare, Vérone, vous.... »

— Perdio! signor, est-ce une heure convenable pour semer ainsi l'or
sour les grands chemins? me dit-on en me frappant familièrement sur
l'épaule.

— A moi! au secours! au voleur!

— Ma! zè né souis point oun voleur, calmez-vous; reconnaissez-moi
donc, mon brave.

— Comment! c'est vous, signor Luigi! Que faites-vous ici à cette heure?

— Z'allais vous adresser la même qouestion.

— Oh! moi, je me promène.

— Ah! bravo! signor, et en vous promenant, vous semez votre or pour nourrir sans doute les moineaux! Per Baccho! c'est orizinal.

— Que voulez-vous dire?

— Cé què ze veux dire, perdïo! c'est que voilà six bons louis qui sans moi auraient été ramassés au petit zour par le premier venou.

Et l'obligeant Luigi me remit dans la main mes pièces d'or, à demi enveloppées dans leur papier.

Après l'avoir remercié, je lui racontai ma distraction.

— Cela ne m'étonne pas, signor, dit-il en riant, tous les artistes ils sont suzets à des bizarreries semblables. Il est fort houreux que z'aie entendou ce brouit métallique; sans cela, zè nè mè baissais pas.

— Fort heureux, en effet, lui dis-je en reprenant avec lui le chemin de la place de la Concorde.

Je n'eus rien de plus pressé que d'apprendre au signor Luigi mon voyage dans sa patrie. Après m'avoir félicité tout d'abord, il m'adressa, dans le jargon dont j'ai donné un exemple au lecteur, quelques bons conseils que je résume ici pour l'usage des voyageurs futurs : emporter le moins de bagage possible; s'assurer que le passe-port est parfaitement en règle; user largement de la bonne main (*buona mano*) pour abréger les visites des douaniers; donner peu aux nombreux *officieux* que tout voyageur rencontre et dont il est le tributaire; si l'on prend une voiture, avoir soin de faire un écrit en double avec le *vetturino*, et ne pas se priver de marchander; enfin avoir moins peur des brigands que des aubergistes.

Le surlendemain, je quittais Paris avec mes deux compagnons, et malgré tout l'attrait du voyage, malgré mon avidité à rechercher les émotions et les aventures, je sentais en moi comme un vague sentiment de tristesse; un tribun célèbre l'a dit :

« On n'emporte pas la patrie sous la semelle de ses souliers. »

III

DE NICE A GÊNES.

Route de la Corniche.

Partis d'Antibes par une belle matinée, nous avons longé le bord de la mer; puis, après avoir gravi une côte modérée et traversé le bourg de Cagnes, nous avons franchi le pont de bois de Saint-Laurent-du-Var, lequel pont, long de huit cents mètres, fut construit par les Français en 1793.

A travers un paysage orné de délicieuses villas, au milieu de bosquets et de prairies, nous sommes entrés dans la première ville des États sardes :

Nice (en grec *victoire*), fondée par les Phocéens. Son arsenal maritime fut transporté à Fréjus, sous Auguste. Amédée VII, duc de Savoie, devint souverain de Nice en 1388. En 1543, Barberousse et les Turcs l'assiégèrent par mer, les Français par terre.

Prise par Catinat et par Berwick, qui renversa le château fort, Nice fut réunie à la France en 1792, comme chef-lieu des Alpes-Maritimes, jusqu'en 1814, année de sa restitution à la Sardaigne.

En voyage, il faut s'attendre à tout, et particulièrement aux désillusions; or, Nice nous servit à souhait sur ce point : cette ville n'a aucun caractère national; c'est la ville la moins italienne de l'Italie; sa population est un mélange d'Anglais, de Français, etc. Nice est un séjour particulièrement recherché des malades. Protégée par les derniers contreforts des Alpes, qui se superposent comme les gradins d'un immense amphithéâtre, cette ville réunit les conditions recommandées par les médecins pour les tempéraments délicats et fatigués. Sur les toits aplatis des maisons qui bordent le Cours et s'étendent jusqu'aux Ponchettes, on a construit une vaste terrasse d'où l'on découvre, quand le ciel est pur, les lointaines montagnes de la Corse. Le Chemin des Anglais est une délicieuse promenade parallèle au faubourg, et qui s'étend le long de la grève. Elle fut construite par les soins de la colonie anglaise, en 1824.

En fait d'art, Nice ne possède rien qui soit digne de l'attention de l'amateur. Aussi, après un temps d'arrêt de vingt-quatre heures, avons-nous décidé à l'unanimité de gagner Gênes par la route de la Corniche. Là, du moins s'il faut en croire nos devanciers, nous trouverons des aspects pittoresques, non profanés par les touristes civilisés.

Le route de la Corniche, tracée sur les crêtes des rochers, entre la montagne et la Méditerranée, doit son nom à l'étroitesse du chemin, reste d'une antique voie romaine. Cette route est très-accidentée : tantôt elle côtoie la plage, tantôt elle s'élève à plus de quatre cent cinquante mètres sur des rochers escarpés dont quelques-uns surplombent sur la mer, qu'on aperçoit à une profondeur vertigineuse.

A chaque instant, la route variait d'aspects. Le crayon de notre peintre avait fort à faire, car à peine avait-il, dans une rapide esquisse, saisi un site, que vingt autres se présentaient à lui. Une chose nous frappa, c'est l'étroitesse des rues des villages situées sur la route; une seule voiture

peut y passer. Nous traversâmes ainsi Villafranca, ville célèbre par le trait d'audace incroyable de quatorze dragons français qui, en 1792, firent mettre bas les armes à quatre cents hommes. Le fait paraît fabuleux et le paraîtra bien plus encore quand on saura que la ville, outre la garnison, avait sur ses remparts cent pièces de canon. Mais l'histoire est là. Il faut croire et admirer.

Après Villafranca vint Monaco, située sur l'emplacement du temple d'Hercule Monœcus.

Nous fîmes halte à Menton, délicieuse petite ville entourée d'une ceinture d'orangers et de citronniers dont le parfum se répand en mer à plus de deux lieues.

Ensuite Ventimiglia, dont la cathédrale gothique est d'une fière ordonnance; puis Saint-Remo, l'une des villes les plus pittoresques de la côte. A peu de distance, on aperçoit l'ermitage de Saint-Romulus, ombragé par un magnifique bouquet de palmiers dont les branches figurent chaque année à Saint-Pierre dans les cérémonies du jour des Rameaux.

Ces palmes sont fournies par les descendants de ce Bresca, dont M. de Mercey, dans ses *Souvenirs et Récits de voyages*, raconte ainsi l'histoire :

« Au moment de l'érection de l'obélisque de Saint-Pierre par Fontana,
« cet homme, originaire de Saint-Remo, se trouvait sur la place Saint-
« Pierre. A l'instant critique, ce fut lui qui, bravant la peine de mort
« réservée à tout spectateur qui proférerait une parole, cria courageu-
« sement : *Acqua alle corde!* Les cordes furent mouillées et l'opération,
« un instant compromise, réussit à souhait. Non-seulement Sixte-Quint,
« sur la demande de Fontana, fit grâce à Bresca, mais il lui accorda une
« pension, sous la condition toutefois qu'il fournirait chaque année les
« palmes pour le jour des Rameaux. Tous les ans, depuis 1587, un
« navire chargé de ces palmes se rend à Rome.... »

Nous avions hâte d'arriver à Gênes, car nous avions appris la nouvelle du prochain débarquement des troupes françaises ; aussi ne fîmes-nous que traverser Porto Maurizzio, Oneglia, Alassio, Albenga, Loano, célèbre par la victoire remportée sur les Austro-Sardes, le 23 novembre 1795, par Schérer et Masséna. Nous fîmes une courte halte à Savone ; puis ayant gagné Voltri, Pegli et Cornigliano, nous entrâmes à Gênes le 30 avril 1859, juste à point pour assister au débarquement de nos braves compatriotes.

J'extrais de notre carnet de voyage quelques notes prises sur le premier moment ; elles auront au moins le mérite de la sincérité :

« Une agitation surprenante règne dans la ville. A chaque instant, « ce sont des cris de joie saluant un régiment qui débarque. La garde « nationale prend les armes, on bat aux champs, et les *vivat* éclatent de « toutes parts. Au coin des rues, des moines de tous les ordres pronon- « cent des discours entraînants ; le peuple répond en battant des mains. « Les *facchini*, les marchands de *rosolio con aqua fresca*, jettent dans l'air « leurs cris multiples et discordants. Les mulets secouent leurs son- « nettes, les clairons retentissent, les cloches sonnent à toute volée. On « se croise, on se mêle, on se heurte ; il y a des bosses de ci, des ren- « foncements de çà ; mais comme tout le monde crie très-fort, on n'a « pas le temps d'écouter sa douleur.

« Singulière ville que Gênes, avec ses rues étroites, ses maisons élevées « comme des obélisques et se joignant entre elles par de petits ponts « suspendus à soixante-dix pieds au-dessus du sol ! Puis tout à coup, « entre des murailles noires se dresse un palais de marbre blanc aux « colonnes hardies et grandioses. »

Le soir, en nous reposant de cette journée d'émotions, Léon nous résuma en quelques mots l'histoire de Gênes. Voici son récit textuel :

On suppose que Gênes fut fondée par les Ligures, en l'an 707 avant Jésus-Christ. En 222, elle fut réunie par les Romains à la Gaule cisalpine. Vers 205, le frère d'Annibal la prit d'assaut et la détruisit, mais les Ro-

mains la rebâtirent et la possédèrent jusqu'à la chute de l'empire, époque à laquelle elle fut prise par des peuplades allemandes auxquelles les Lombards la reprirent. Fatiguée de la domination de ces peuples, elle se soumit à Charlemagne ; puis, vers 950, elle recouvra son indépendance et fut gouvernée par des consuls, auxquels fut adjoint un sénat nommé sur la place publique par le peuple.

A partir de cette époque, la ville de Gênes se mêla au grand mouvement européen : c'est ainsi qu'en l'an 1100, elle prit part à la croisade contre les infidèles, puis en 1290, elle lutta contre les Vénitiens et s'avança jusque dans l'Orient.

Après de nombreuses guerres intestines et des révolutions successives, appartenant tantôt aux Milanais, tantôt aux Français, les Génois voient enfin en 1512 un de leurs compatriotes, André Doria, se lever et mettre leur ville à l'abri soit des invasions, soit des révolutions. De la venue de cet illustre homme d'État, fondateur de la constitution génoise, date l'ère de liberté et de gloire de cette ville fameuse : il est vrai de dire que ce ne fut qu'en s'appuyant sur l'Autriche qu'il arriva à son but, et qu'il sut établir un ordre de choses qui dura deux cent soixante-dix ans. Mais si cet appui qu'il avait cherché est devenu par la suite fatal aux Italiens, le nom d'André Doria n'en restera pas moins comme celui d'un des plus illustres législateurs qu'ait eu l'Italie moderne.

Cependant, la république génoise, qui avait en Europe une haute influence, la vit décroître subitement ; en 1684, Duquesne bombardait Gênes et forçait le doge à venir faire amende honorable aux pieds de Louis XIV, à Versailles. De leur côté, les Autrichiens, en 1715, préparaient une semblable réception au premier magistrat de la république. Enfin, en 1768, Gênes fut obligée de céder à Louis XV l'île de Corse, qui leur appartenait depuis trois siècles. Ainsi la Providence, qui prépare silencieusement les voies de l'avenir, en unissant la Corse à la France s'apprêtait à donner à ce noble pays l'unique héros qui, à dix siècles d'intervalle, devait égaler sinon dépasser dans l'histoire et dans la mémoire des peuples, l'immortelle renommée de Charlemagne, empereur d'Occident : Napoléon Bonaparte.

En 1797, Gênes devient la république ligurienne. En 1800, les Anglais la bloquent par mer et les Autrichiens l'assiégent par terre. Pendant soixante-dix jours, Masséna, à la tête d'une poignée de braves, décimés par le feu des assaillants et par une horrible épidémie, soutint le siége le plus mémorable dont l'histoire moderne puisse nous offrir l'exemple.

En 1805, les Génois chassent Salicetti, qui était à la tête du gouvernement, et demandent à être incorporés à l'empire français. Napoléon forme avec la république trois départements : des Apennins, de Montenotte et de Gênes. Enfin, en 1815, le congrès de Vienne réunit Gênes au royaume de Sardaigne, et depuis cette époque elle est sous l'autorité des princes de Savoie.

Le lendemain, impatients de visiter la ville, nous nous sommes mis en route par le grand chemin que domine la Lanterne.

Vue de ce point, la ville est admirable. A nos pieds, le golfe bleu dessinant sa large courbe; au loin le dôme resplendissant des premiers feux du matin, comme un casque gigantesque; puis les églises, pointant vers le ciel leurs flèches élevées, nous remettaient en mémoire ce vers sublime de Woodswoorth, l'illustre poëte anglais :

Cochers silencieux montrant du doigt le ciel.

Nous passons au pied de la Lanterne. C'est une tour fort élevée, qui faisait autrefois partie d'un fort bâti par Louis XII pour défendre la ville.

Nous commençons par visiter l'ancien palais des doges. C'est un bâtiment moderne, érigé vers la fin du siècle dernier à la place de celui qui fut détruit par un incendie.

Rien n'est plus grandiose que ces salles immenses, voûtées et toutes construites en marbre, car il avait été convenu que l'architecte n'emploierait pas une seule pièce de bois à l'édification de ce palais.

Comme décoration, ces salles n'ont rien de remarquable, et nous avons vivement regretté les anciennes murailles où, nous a-t-on dit, était peinte à fresque toute l'histoire de Gênes, et les statues qui furent brisées lors de la révolution de 1797.

Nous allons ensuite au palais du Roi, autrefois palais Durazzo. Il est impossible de voir quelque chose de plus magnifique : le marbre, les dorures sont répandus à profusion ; de doubles escaliers de marbre blanc conduisent aux appartements, dans lesquels on a réuni les peintures de Paul Véronèse, Holbein, Albert Durer, Van-Dyck, et des statues de Michel-Ange.

Le palais d'André Doria attire aussi notre attention ; il est situé sur le bord de la mer et entouré de jardins. Autrefois demeure du plus illustre des Génois, rempli d'objets d'art et couvert de fresques de Perino del Valga, élève de Raphaël, ce palais est aujourd'hui presque abandonné.

Nous passons en jetant un coup d'œil sur les palais particuliers, habités par les familles patriciennes de la ville. Ils sont tous ou presque tous construits en marbre, et offrent à l'œil toutes les somptuosités architecturales des époques où ils furent construits.

Les rues de Gênes, à l'exception de trois ou quatre, sont étroites, tortueuses, et l'on y respire un air infect ; c'est dans ces rues que les marchands de marée, de fromages, etc., ont fait élection de domicile.

Les belles rues de Gênes sont la rue Balbi, la Strada-Nova et la Strada Nuova-Nuova, et encore sont-elles tout au plus larges comme la rue du Bac ; on y peut passer en voiture, tandis que dans les autres deux hommes de front tiennent toute la largeur

Notre première visite est consacrée au palais ducal ou Della-Cita, où siégent maintenant les divers magistrats de la ville. Construit vers 1262, agrandi en 1388, il fut rebâti en 1778, à la suite d'un vaste incendie qui détruisit les peintures murales de la salle du grand Conseil, perte sensible pour les arts, car ces fresques représentaient l'histoire de la cité. Les anciennes statues sauvées du feu ont été malheureusement détruites lors de la révolution de 1797.

Notre ami Ernest nous raconte qu'on y voyait jadis deux tableaux d'Albrecht Dürer, un buste de Christophe Colomb, deux peintures de Van-Eyck.

Le palais Durazzo, aujourd'hui Palais-Royal, est situé rue Balbi. Construit vers 1650 par Falcone et terminé par Cantone, c'est l'un des plus complets spécimens de l'architecture génoise : les splendides escaliers de marbre blanc de Fontana, la magnificence des dorures, les admirables peintures qui ornent les salles, sont au-dessus de tout éloge.

Le palais Brignolé Salle peut rivaliser avec le Palais-Royal. La galerie de tableaux qui s'y trouve est la plus complète de Gênes.

On remarque parmi ces merveilles un *Enlèvement des Sabines*, de Valerio Castelli, les portraits des divers membres de la famille Brignolé, par Van-Dyck, qui sont cités à bon droit parmi les meilleurs ouvrages de ce grand maître. Le prince d'Orange et le marquis Antoine Jules Brignolé du même auteur, sont deux chefs-d'œuvre qu'on ne saurait trop admirer; le *Caton* du Guerchin, le *Saint Sébastien* du Guide, un *Saint Jean-Baptiste*, de Rubens, un *Portrait de jeune fille*, de Paul Véronèse, deux portraits du Titien, une *Cléopâtre expirante*, du Guerchin. On voit par cette rapide nomenclature, que le palais Brignolé possède des chefs-d'œuvre des diverses écoles qui ont illustré le grand art de la peinture. Il faudrait des volumes pour décrire en détail les palais particuliers qui bordent les rues Nuova, Nuovissima et Balbi : comme l'a dit avec raison madame de Staël, on se croirait dans une ville de rois. Les palais Palaviccini, Adorno, Spinola, Canega, Doria, sont étonnants par la richesse et les dispositions diversifiées de leurs façades, terrasses, galeries, portiques, tout y lutte de fantaisie élégante et de somptuosité. Pourquoi faut-il que plusieurs de ces édifices soient abandonnés aux injures du temps, et que leurs galeries d'objets d'art se dispersent de jour en jour ?

La cathédrale de Gênes, dédiée à saint Laurent, vue à l'extérieur représente un immense damier. Elle est revêtue de marbre blanc et noir disposé par assises alternées. Tavarone a peint au plafond du chœur le martyre de saint Laurent. La chapelle de Saint-Jean-Baptiste est ornée de six statues du sculpteur génois Mathieu Civitali. Le dais de l'autel est soutenu par de hautes colonnes de porphyre. Les belles stalles du chœur furent exécutées en 1564, par Francesco Zabello. C'est dans la sacristie de Saint-Laurent que l'on garde précieusement le fameux vase connu dans toute la chrétienté sous le nom de *Sacro Catino*, coupe hexagone de quinze pouces de diamètre, qu'on affirmait être d'émeraude, et dont l'origine remonterait au roi Salomon. Cette coupe, prise à Césarée, fut donnée aux Génois par Baudoin, roi de Jérusalem. Lors du siége de Gênes, des juifs prêtèrent des sommes considérables sur ce saint joyau qui, transporté à Paris en 1809, fut reconnu n'être que du verre. Il fut restitué à Gênes en 1815.

L'église de l'Annonciade vient immédiatement après la cathédrale comme importance : c'est une fondation de la famille des Lomellini. Dix belles colonnes de marbre blanc veiné de rose soutiennent la voûte, décorée par les frères Carlone dans un style parfaitement approprié à l'ensemble du temple. — Une *Cène*, de Proccaccini, un *Saint adorant la Croix*, de Bernard Carlone, et un *Martyre de saint Clément*, de Jean-Baptiste Carlone, frère du précédent, sont dignes de l'attention des amateurs.

On y voit aussi le tombeau du duc de Boufflers, mort en 1747, à Gênes, qu'il avait héroïquement défendue.

L'église Saint-Ambroise des Jésuites est décorée d'ornements et de dorures à profusion. Elle possède une *Assomption de la Vierge*, du

Guide, remarquable par la simplicité et la grandeur de l'effet, un *Saint Ignace ressuscitant des enfants et guérissant un possédé*, de Rubens, qui a toute la magie de coloris du maître, et qui est rempli d'une spontanéité, d'une verve qu'on a pu égaler, mais non dépasser.

L'église de l'Assomption de Carignan est une réduction de Saint-Pierre de Rome. On y voit deux statues de Puget dignes en tout point de la haute réputation de ce grand artiste; le *Saint Sébastien* surtout est complet; nulle part on n'a mieux exprimé le double sentiment de la douleur humaine et de la joie extatique du martyre : le marbre frémit, les muscles se meuvent, c'est sublime!

Dans l'église de l'Albergo de' Poveri (Hôpital des Pauvres), nous avons encore retrouvé une œuvre de Puget : c'est une *Assomption de la Vierge*, à laquelle le voisinage d'une *Pièta* de Michel-Ange ne fait rien perdre de son mérite. — Un juste sentiment de fierté nationale nous fit longtemps admirer l'œuvre de notre compatriote, et nous nous rappelâmes ces paroles qui, chez tout autre, seraient de la fatuité, et n'étaient chez lui que l'expression du sentiment de sa force : « Le marbre tremble devant moi! »

IV

ALEXANDRIE.

Historique du nom de la ville. — La citadelle. — Rencontre de deux officiers français. — Peut-on entrer? — Peut-on sortir? — Nous entrons. — On nous arrête. — Nous sommes soupçonnés d'être des Autrichiens. — Énergiques dénégations d'Ernest. — On nous conduit devant un capitaine français. — Certificat de nationalité. — Visite de la citadelle. — Desseins de Napoléon Ier. — Visite à l'église Notre-Dame-de-Lorette. — Visite au village de Marengo. — Maison élevée sur le champ de bataille. — Chambre de Bonaparte. — Opinion du général Cler sur le monument. — Tombeau de Desaix.

Alexandrie doit son nom au pape Alexandre III, qui était Guelfe. Avant cette époque, les Gibelins nommaient par dérision cette ville Alexandria della paglia, sans doute parce qu'elle fut construite avec du limon et de la paille.

Nous suivons la rue qui mène à la citadelle et nous désirons la visiter en détail. En temps de guerre cela n'est pas absolument facile, nous disons-nous, et nous hésitons à tenter une démarche, lorsque deux officiers français passent près de nous.

— Peut-on entrer ici? dit Léon en désignant du geste l'édifice.

— Oui, messieurs.

— Et peut-on en sortir? ajoute le prudent Ernest.

— C'est selon.

— Bah! entrons toujours, dit Léon en marchant d'un pas délibéré, on ne nous fusillera pas.

Sur ce, je le suis, Ernest m'imite, non sans maugréer quelque peu.

Cependant nous visitons fort paisiblement les casemates et les remparts, lorsqu'un bruit de pas nous fait nous retourner spontanément.

Un officier piémontais nous accoste et nous prie poliment de le suivre.

Nous obéissons docilement, et bientôt nous nous trouvons en face du commandant sarde, qui murmure en nous examinant du haut en bas : « Ce sont peut-être des Autrichiens. »

— Permettez, permettez, dit Ernest énergiquement, je demande à parler à un officier français : je suis Français, nous sommes Français, commandant!

On nous conduit dans une grande salle, et nous trouvons là un compatriote, le capitaine V*** qui, rien qu'à notre allure, se porte garant de nos bonnes intentions.

— Vous êtes Français, messieurs, artistes, sans doute?

— Oui, capitaine.

— Ne feriez-vous pas partie du détachement de chroniqueurs que les journaux ont expédiés à nos trousses?

— Pas le moins du monde, nous voyageons en amateurs.

Quoique déçu dans son espérance, le capitaine V*** se met obligeamment à notre disposition et nous fait visiter en détail la forteresse qui fait d'Alexandrie une ville forte de premier ordre.

Napoléon Ier, qui d'un coup d'œil savait juger tout le parti qu'on peut tirer d'une position importante, avait résolu de faire d'Alexandrie une place de guerre qui devait commander la haute Italie, en la reliant à Milan, Mantoue et Turin par des forteresses; il y avait établi un vaste approvisionnement de munitions de guerre et de vivres, de manière à garantir les derrières de ses formidables armées.

En 1814, les Autrichiens détruisirent les fortifications d'Alexandrie et transportèrent les munitions en Allemagne : la citadelle fut seule respectée; mais depuis 1830, les Italiens ont relevé les remparts, ont armé la citadelle, et ont fait de cette place le boulevard de leur indépendance. Nous parcourons pendant toute une journée cette longue suite de murs en terre élevés les uns au-dessus des autres et qui rendent impossible à l'ennemi l'approche de cette place. C'est, du reste, la seule curiosité de cette ville, entourée de deux rivières qui se réunissent comme pour l'étreindre de leurs bras humides : je veux parler du Tanaro et de la Bormida.

Nous visitons cependant, pour l'acquit de notre conscience, l'église Notre-Dame-de-Lorette, qui contient quelques bons tableaux des frères Pozzi, puis le Palais-Royal, autrefois palais Ghilino, et enfin, l'hôtel de ville.

Le lendemain, nous traversons la Bormida et nous nous dirigeons vers le village de Marengo, célèbre par la victoire que Bonaparte y remporta sur Mélas. — C'est là que mourut Desaix, au moment de cette glorieuse charge qui décida du gain de la bataille.

A l'endroit où le premier consul passa la nuit, on a construit une espèce de maison de campagne. La chambre qu'occupa Bonaparte a été conservée intacte, et on y a déposé les débris trouvés aux environs.

Nous lisons dans notre *Itinéraire de l'Italie*, par A.-J. Du Pays et Ad. Joanne, une description de cette maison, écrite par le brave général Cler quelques jours avant qu'il ne tombât sur le champ de bataille de Magenta; nous la retraçons ici comme exprimant parfaitement notre opinion :

« Rien n'est plus ridicule que ce château, ou plutôt que cette ferme
« moderne, œuvre d'un cerveau malade ou d'un spéculateur de mauvais
« goût.

« Les murs extérieurs, badigeonnés en rouge sale, représentent des

« inscriptions romaines, des màchicoulis et des créneaux du moyen àge.
« Ceux de l'intérieur, vus de loin, offrent des perspectives à fresque
« figurant des péristyles, des temples antiques et des terrasses babylo-
« niennes. Au centre de la cour principale, ouverte des deux côtés,
« s'élève la statue en marbre du général Bonaparte, œuvre du sculpteur
« Cacciatori, de Milan, et sur les murs, dans des niches, toujours en
« peintures à fresque, sont les statues des généraux qui ont assisté à la
« bataille de Marengo.

« L'intérieur du château répond par le mauvais goût à l'extérieur.
« Les murs et les plafonds des grandes chambres sont couverts de pein-
« tures dignes de figurer dans la collection d'un barbouilleur d'enseignes,
« représentant, dans les grands appartements, des batailles et des allé-
« gories du premier empire; dans le boudoir, des amours sous toutes
« les formes, et dans la chambre à coucher, l'histoire moderne de
« l'hymen.

« Une salle basse renferme de vieilles armes; une autre, un vieux
« carrosse rococo, style du premier empire, et enfin une écurie voûtée,
« appartenant au vieux château, a servi le soir de la bataille à recevoir
« les blessés des deux armées.

« Dans le jardin, dessiné à l'anglaise, se trouve un grand tombeau de
« forme antique, renfermant les ossements trouvés dans les champs de
« Marengo; et, sur un tertre élevé sur l'emplacement où tomba Desaix,
« le buste en marbre du général.

« Les visiteurs ont inscrit leur nom jusque sur la figure du héros, et
« nos soldats, en les imitant, ont cherché à se faire pardonner cet acte
« de vandalisme en couronnant de fleurs et de feuillages l'image du
« jeune général républicain.

V

TURIN.

Route de Turin. — Solero. — Felizzano. — Cerro. — Annone. — Asti. — La maison d'Alfieri. — Moncalieri. — Le Pô. — Turin. — Son aspect. — Le palais royal. — La bibliothèque. — Le palais Carignan. — Les collections. — La galerie royale des tableaux. — L'Académie des beaux-arts. — Agitation patriotique. — Arrivée de soldats français. — Départ de Turin. — Chivasso. — Verceil. — La cathédrale. — Nous passons la Sésia.

Pressés de nous rendre à Turin, nous reprenons notre bâton de voyage, et, passant le Tanaro, nous nous acheminons par la grande route, dédaignant le chemin de fer qui déroule sur notre gauche sa spirale capricieuse. Nous laissons, sans nous y arrêter autrement que pour prendre quelques heures de repos, des bourgs, des villages, des villes : Solero, Felizzano, dont nous visitons le château que renferme la ville ; Cerro, Annone, Asti, où l'on voyait autrefois cent tours dont nous apercevons les ruines. Nous nous arrêtons cependant à la cathédrale, monument du quatorzième siècle, où nous remarquons des tableaux de Tartoni, Pozzi et Moncalvo ; nous visitons aussi la maison où naquit Alfieri : le digne gardien nous montre avec orgueil le portrait du poëte, ainsi qu'une lettre autographe de sa sœur.

A Moncalieri, nous visitons le château commencé par Polande, femme d'Amédée de Savoie, où le roi actuel de Piémont, Victor-Emmanuel, vient habiter pendant la belle saison ; nous aurions certes vu le roi chevalier, mais au moment où nous étions à Moncalieri, il prenait de nobles délassements en montrant à ses soldats comment on obtient l'indépendance d'un pays.

En sortant de la ville, il nous faut franchir le plus majestueux des fleuves italiens, le Pô, et nous arrivons à Turin.

A première vue, Turin se présente comme un immense damier aux côtés inégaux, mais dont les cases sont entièrement régulières ; toutes les rues sont coupées à angle droit, et les maisons, toutes construites sur le même modèle, nous rappellent ce vers de Boileau :

L'ennui naquit un jour de l'uniformité.

Notre première visite est pour le palais du roi, bâti sur la *piazza Castello*, en français place du Château-d'Eau. Ce palais n'a rien de remarquable, si ce n'est la statue du roi Victor-Amédée Ier, placée en face du grand escalier ; les appartements sont, comme ceux de tous les palais, d'une grande richesse, et ce serait le cas de s'écrier, toujours avec Boileau :

Ce ne sont que festons, ce ne sont qu'astragales.

La Bibliothèque et le Musée des armures sont des annexes du palais. Dans le Musée, nous remarquons l'armure d'Emmanuel-Philibert, la cuirasse, les pistolets et l'épée que le prince Eugène portait à la bataille de Turin, en 1706, puis un bouclier attribué au grand ciseleur florentin Benvenuto Cellini.

Le palais Carignan, situé sur la place du même nom, est la résidence actuelle de la Chambre des députés du royaume ; son architecture n'a rien de remarquable, bien au contraire.

Les collections de Turin se composent : 1° de la galerie royale des tableaux ; 2° de l'Académie des beaux-arts, puis de plusieurs galeries appartenant à de grands seigneurs.

Dans le premier de ces musées, nous remarquons une *Madone* de Raphaël, une *Vierge et l'Enfant-Jésus* de Guerchin, un *Guerrier* de Giorgione, le *Père Éternel* de Jules Romain, le *Retour de l'enfant prodigue* de l'Albane, une *Descente de Croix* d'Albert Durer, etc., etc.

A l'Académie des beaux-arts, nous ne voyons qu'un tableau qui soit réellement digne d'être cité : c'est une *Vierge Loreto* que l'on attribue à Raphaël.

Nous visitons plusieurs galeries particulières ; quelques-unes contiennent de véritables chefs-d'œuvre, mais à côté desquels on voit avec peine des tableaux sans aucune valeur artistique.

Je viens de citer à peu près les curiosités de Turin, qui, en résumé, est d'une monotonie désespérante. Cependant, à l'époque où nous nous y trouvions, une patriotique agitation régnait dans la ville : à chaque heure, des détachements de soldats français, venus par la route de Suse, débouchaient sur la place Carlo-Felice, aux acclamations enthousiastes de la population, qui faisait retentir l'air de ses vivat.

Nous quittons Turin pour prendre le chemin de la Lombardie. Nous admirons sur notre route la colline de la Superga, qui coupe la ligne bleue de l'horizon par une ligne d'arbres verts, et nous arrivons à l'étape que nous avions désignée le matin, à Chivasso.

C'est une petite ville de dix mille âmes, gaiement penchée sur les bords du Pô, qui la fortifie naturellement. Néanmoins, les habitants, aux premiers bruits de guerre, avaient élevé des redoutes en terre et des chemins couverts pour défendre la ville, qui est la clef de Turin, du côté de la Lombardie.

Nous reprenons notre route, nous dirigeant vers Milan, où notre armée vient de faire une entrée triomphale ; nous nous arrêtons à Verceil.

Les habitants semblent tous porter sur leurs figures la joie et le bonheur. En effet, il n'y avait pas un mois que les Autrichiens avaient quitté la ville, après y avoir tout pris et tout ravagé.

Nous visitons la cathédrale, monument du seizième siècle, bâtie par Pellegrino Tibaldi, et nous regardons avec intérêt dans la bibliothèque de cette église un manuscrit, datant du quatrième siècle, contenant le livre des Évangiles copié, dit-on, par Eusèbe, premier évêque de Verceil. Il paraîtrait que cette traduction latine serait le plus ancien manuscrit connu des Évangiles.

Nous passons la Sésia, laissant sur notre gauche l'immense plaine où Marius, en l'an 652 de Rome, défit complétement les Cimbres qui se précipitaient sur l'Italie.

La route de Verceil à Novare est monotone : à peine rencontre-t-on quelques pauvres villages.

VI

NOVARE.

Aspect de Novare. — La bataille du 23 mars 1849. — Fuite du roi Charles-Albert. — Il manque d'être mitraillé. — Il est arrêté. — Il prend le thé chez le général autrichien. — Les exactions des Autrichiens pendant la guerre. — Nous quittons Novare.

Nous arrivons à Novare, où nous restons quelques jours.

Située sur une colline, cette ville semble une sentinelle avancée guettant au loin les perpétuels ennemis de la liberté italienne.

C'est en effet une cité célèbre, non par l'importance de sa population : vingt mille habitants seulement la composent ; non par ses monuments : à part la cathédrale, qui date du cinquième siècle, mais que des architectes modernes ont souillé de leurs remaniements ; Novare est célèbre par la bataille épouvantable du 23 mars 1849.

J'emprunte ici la plume de l'illustre général Ulloa pour raconter ce drame terrible, qui eut pour issue l'abdication du roi Charles-Albert et l'avénement de son fils Victor-Emmanuel.

« Le 23 mars 1849, Czarnowski, avec cinquante-quatre mille hommes et cent dix pièces de canon, s'établit dans une excellente position au sud de Novare, entre deux torrents, le Terdoppio et l'Agogna. Le développement de cette position, sur le plateau dont le plan coupe la ville de Mortara, est d'une lieue environ en longueur. Au centre s'élève un groupe formé d'une église et de quelques maisons, groupe qu'on appelle *la Bicoque*. Le terrain qui entoure la ville est coupé de canaux, d'arbres et de fossés.

« Pendant que le général d'Aspre, croyant n'avoir affaire qu'à l'arrière-garde piémontaise, déploie ses forces et commence l'action, il apprend qu'il est en face de toute l'armée piémontaise.... Sans hésiter, il envoie prévenir le maréchal Radetzki, et, pensant pouvoir tenir tête à Czarnowski jusqu'à l'arrivée des renforts, il engage résolûment l'action. Les maisons de Moncucco et de Mirabello, situées en avant de la Bicoque, sont attaquées avec vigueur par les Autrichiens qui s'en emparent deux fois, mais deux fois ils sont refoulés par les Piémontais, qui restent maîtres du terrain. L'archiduc Albert, renforcé de la brigade Stadion, reprend énergiquement l'offensive et dirige tous ses efforts sur la Bicoque, qui est la clef de la position. Dans une première attaque, il fait reculer la première brigade de Savoie, mais il est obligé lui-même de faire un mouvement en arrière sous le choc de la deuxième brigade de Savoie qui forme la seconde ligne, et s'élance en avant.

« Pendant ce temps, la colonne du colonel Kulmansegge est entrée en ligne, ce qui permet à l'archiduc d'arrêter sa retraite. La deuxième brigade de la division Schaffgotsche, qui se trouvait encore en réserve, se joint à la première ligne, de sorte que tout le corps de d'Aspre se trouve engagé. Le général Kollowrath attaque deux fois sans succès la casina Castellazzo; mais, chargeant une troisième fois, avec l'aide de deux nouveaux bataillons, il s'en empare et refoule les Piémontais jusqu'à Forsada. La brigade de la division Schaffgotsche, qui avait pris place à la droite de l'archiduc Albert, enfonce la gauche de la ligne piémontaise.

Le général Perrone fait de vains efforts pour reprendre la Bicoque ; sa troupe recule et se débande. C'est alors que le duc de Gênes se porte en avant à la tête de la brigade de Piémont, le 3ᵉ régiment à droite de la route, le 4ᵉ à gauche, et tombe sur le flanc droit de l'ennemi. Le général Passalacqua, avec le 3ᵉ régiment, suit la vallée de l'Agogna, enveloppe les Autrichiens, leur fait deux à trois cents prisonniers et tombe frappé mortellement de trois balles dans la poitrine. Sa troupe, néanmoins, continue à avancer, dépasse la Bicoque et parvient jusqu'à la hauteur de Castellazzo, où elle est arrêtée par le feu violent de l'ennemi et obligée de battre en retraite. Le 13ᵉ de ligne, de la brigade de Pinerollo, arrive alors à son aide, et les deux régiments, revenant à la charge, regagnent le terrain perdu et s'avancent jusqu'auprès de Castellazzo même. Sur la gauche de la ligne, le duc de Gênes, à la tête du 4ᵉ régiment, aidé du 14ᵉ, repousse la colonne Kollowrath, s'empare de Castellazzo, marche sur Olengo, en chasse les Autrichiens et les fait poursuivre par ses tirailleurs à une certaine distance.

« Sur la droite, les Autrichiens engagent un combat d'artillerie ; mais ils sont foudroyés par les batteries de la division Durando et forcés de se retirer.

« A l'extrême gauche, Solaroli n'a pas de peine à balayer les quelques tirailleurs qui lui sont opposés. Ainsi, d'Aspre est battu sur toute la ligne et tourné sur sa droite par le duc de Gênes. Sa perte est inévitable, si le duc de Gênes continue sa marche en avant. Mais après ce brillant succès, Czarnowski, ignorant sans doute qu'il n'avait en face de lui que les deux divisions formant le corps de d'Aspre, et toujours pénétré de cette idée que l'ennemi, débouchant par les routes de Verceil et de Mortara, s'efforcerait d'emporter la Bicoque et de tourner sa droite ; Czarnowski, disons-nous, n'osa pas prendre l'offensive et s'empressa de faire revenir en deçà de Castellazzo le duc de Gênes, qu'il croyait trop aventuré. Ce mouvement rétrograde ranime l'ardeur de l'ennemi qui, de nouveau, se porte en avant et attaque encore une fois la Bicoque. Le général Perrone s'avance pour le repousser. Il reçoit une blessure mortelle à la tête, et, peu à peu, les Autrichiens reprennent leurs avantages. Alors, Czarnowski détache un régiment de la brigade Bès et une brigade de la réserve, et, avec ces troupes fraîches, faisant opérer à sa droite un mouvement de conversion, il se porte en avant pour dégager la division Perrone et déborder la gauche de l'ennemi.

« La lutte durait depuis cinq heures, quand survint le troisième corps de l'armée autrichienne. Le général Appes, qui le commande, fait avancer sept bataillons pour renforcer les ailes de la ligne d'Aspre. La droite, toujours menacée par le duc de Gênes, essaye de se dégager. Elle revient à la charge et reprend Castellazzo; mais, cette fois encore, elle est mise en déroute par la brigade Pinerollo, dont les progrès ne sont arrêtés que par les efforts du régiment de Benedick. Thurn, qui se trouve au delà de l'Agogna avec le quatrième corps, entend les détonations répétées de l'artillerie; persuadé qu'une affaire sérieuse se passe entre d'Aspre et les Piémontais, sans attendre d'ordre, il précipite sa marche pour arriver le plus tôt possible sur le champ de bataille, et, au lieu de franchir le torrent et de se présenter devant le front des Piémontais, il va chercher à déborder leur droite en se dirigeant sur Novare par la route de Verceil. A cinq heures et demie, il passe le pont de l'Agogna et arrête par sa présence le mouvement offensif tenté par Durando pour appuyer la manœuvre de Czarnowski.

« Cependant Radetzki, alarmé de la position critique de d'Aspre, avait déjà, et dès le commencement de l'action, donné ordre au troisième et au quatrième corps, ainsi qu'à la réserve, de se rapprocher à marches forcées du deuxième corps et de ranger toutes leurs forces en bataille. Le troisième corps est déjà complétement engagé; la réserve s'est rapprochée des colonnes d'attaque vers Olengo, lorsque Thurn apparait sur la droite des Piémontais avec le quatrième corps, qu'il déploie le long du canal de Dassis : la brigade Alemann à gauche, celle de Maurer à droite, la division du prince de Taxis en réserve et vingt-quatre pièces en batterie devant le centre de la ligne. Le deuxième et le troisième corps, Aspre et Appel, soutenus par une brigade de grenadiers de la réserve, se forment en colonnes d'attaque en face de la Bicoque, pendant que la réserve se déploie à gauche pour contenir le centre de la droite des Piémontais. Un faible détachement est en observation devant Solaroli. La lutte s'engage alors avec une nouvelle énergie sur toute la ligne. La division Perrone est rejetée en désordre sur Novare. Le duc de Gênes, qui a eu trois chevaux tués sous lui, résiste avec bravoure contre des attaques répétées ; mais pressé par des forces supérieures, il se retire lentement. Il tente vainement de rallier la division Perrone, le désordre commence à gagner ses troupes, et c'est avec trois bataillons seulement qu'il continue à tenir tête à l'ennemi et donne ainsi le temps aux fuyards de regagner la ville.

« A la nouvelle du désastre de sa gauche, Czarnowski, voyant sa droite menacée par Thurn, renonce à tout projet d'attaque et ne cherche plus qu'à assurer sa retraite. Il manœuvre pour défendre la position de la Bicoque, mais l'ennemi s'y est établi. La division Bès, découverte sur sa gauche, se retire aussi sur Novare, après une lutte héroïque. Pendant que la gauche est dispersée et le centre obligé de se replier en arrière, sur la droite, Durando continue la bataille. Le flanc gauche découvert, par suite de la retraite de la Bicoque et de la retraite de Bès, attaqué de front par Thurn, est enfin obligé de se mettre en retraite, ce qu'il fait en bon ordre et avec une si ferme contenance qu'il impose à l'ennemi. Malgré la confusion inévitable d'une retraite précipitée, l'armée piémontaise put arriver à Novare sans qu'aucun corps eût été entamé.

« Solaroli, posté à l'extrême gauche, après un faible combat de tirailleurs, gagna le point commun de ralliement de l'armée.

« L'obscurité de la nuit et une pluie abondante mirent une trêve forcée aux hostilités... .

« Le lendemain de la bataille, Novare étant évacuée par les Piémontais, les Autrichiens tirent quelques coups de canon inutiles et traversent la ville pour suivre l'armée en retraite sur les deux routes de Momo et d'Oleggio.

« Les Piémontais eurent dans cette funeste journée 2 généraux tués, Perrone et Passalacqua ; 2,483 morts ou blessés environ, 2,000 dispersés ou prisonniers et 12 canons tombés au pouvoir de l'ennemi. La perte des Autrichiens fut de 2,495 hommes hors de combat et d'un millier de prisonniers. Quelle parole serait plus éloquente que ces deux chiffres pour faire l'éloge des deux armées. Aussi, le soldat piémontais peut parler de cette malheureuse bataille sans rougir. »

Maintenant, je vais raconter, d'après M. de Dino, comment le roi Charles-Albert fut arrêté par les Autrichiens, le jour même de cette lutte gigantesque.

« Le soir même de la bataille, les Autrichiens, campés dans les environs de Novare, avaient interrompu les communications entre cette place et Vercelli, et avaient établi sur la route deux pièces d'artillerie, braquées dans la direction de la ville. Un fort piquet d'infanterie veillait près de la batterie et une sentinelle avancée observait la route. Vers minuit, un bruit de roues se fait entendre dans le lointain ; on avertit le capitaine des gardes que des pièces d'artillerie piémontaise semblent se diriger de ce côté. Aussitôt il fait allumer les mèches, ordonne de charger à mitraille et de tirer dès qu'on sera à portée. Cependant le bruit devient plus distinct ; les soldats apprêtent leurs armes ; les canonniers, immobiles, sont à leur poste. Enfin, au détour de la route, on voit poindre une lumière qui s'avance rapidement.

« — Mon capitaine, dit le sergent d'artillerie, ce n'est point de l'artillerie, c'est une voiture.

« On regarde attentivement, et, en effet, on distingue bientôt une voiture attelée de quatre chevaux de poste qui roule à fond de train sur la chaussée. Aussitôt le capitaine suspend son premier ordre et s'avance avec une patrouille, arrête le postillon, s'approche de la portière et demande le nom du voyageur.

« — Je suis le comte de Barge, répond celui-ci, qui était seul dans sa voiture ; je suis colonel piémontais. J'ai donné ma démission après la bataille, et je retourne à Turin.

« — Monsieur le comte, vous m'excuserez, mais je ne puis vous laisser passer ainsi ; il faut que vous me suiviez chez le général : il est ici, à quelques centaines de pas.

« — Comme vous voudrez, monsieur ; je suis à vos ordres.

« Et la voiture, escortée de quelques hussards, se dirige vers le petit château servant pour le moment de quartier général au comte de Thurn.

« L'officier monte et prévient le général qu'un comte de Barge, se disant colonel piémontais, vient d'être arrêté, se rendant à Turin, et qu'il attend en bas dans sa voiture.

« — Qu'on le fasse monter, dit le général, et qu'on fasse venir le sergent de *Bersaglieri*, que nous avons fait prisonnier. Si ce soldat le reconnaît, vous le laisserez passer ; sinon, vous le retiendrez prisonnier. Qu'on m'avertisse, en tout cas, de ce qui se sera passé.

« En effet, le comte de Barge monte dans l'antichambre, et le Bersaglieri est mis en sa présence.

« — Reconnaissez-vous le comte de Barge, colonel piémontais ?

« — Non, je ne connais pas ce nom-là dans l'armée.

« — Regardez bien.

« Le Bersaglieri s'approche, regarde fixement le voyageur et reste interdit. Le comte lui fait un signe du regard.

« — Ah ! oui, certes, je le reconnais bien ! Monsieur le comte de Barge ! s'écrie le Bersaglieri ; parbleu ! il était près du roi pendant toute la bataille !

« Le comte lui fait un geste de la main ; le Bersaglieri s'éloigne, et le voyageur, s'avançant vers la porte, dit à l'officier :

« — Je suppose, monsieur, que rien ne s'oppose plus à mon départ?

« — Pardon, colonel ; mais M. le général de Thurn me charge de vous prier de prendre une tasse de thé avec lui.

« Le comte accepte, entre chez le général, qui, après des excuses polies sur les rigueurs auxquelles la guerre le condamne, entame la conversation. On parle de la bataille; le comte rappelle tout ce qui s'est fait dans le camp piémontais; le général raconte tout ce qui s'est passé du côté des Autrichiens ; puis il ajoute :

« — Pardonnez-moi, monsieur le comte, mais je m'étonne qu'un homme aussi distingué que vous me semblez l'être soit si peu avancé dans l'armée.

« — Que voulez-vous? je n'ai jamais été heureux : je n'ai pu réussir! Aussi, après la bataille, voyant la carrière militaire désormais sans avenir pour moi, j'ai donné ma démission du grade que j'occupais.

« La conversation se prolongea quelque temps sur ce ton; puis le comte de Barge prend congé du général autrichien, qui le reconduit jusqu'à sa voiture. En remontant l'escalier, le général de Thurn, s'adressant à ses aides de camp, leur dit :

« — Le comte de Barge est vraiment un homme entraînant par son esprit et ses bonnes manières; je ne l'aurais pas cru un militaire : il me faisait plutôt l'effet d'un diplomate : qu'en dites-vous?

« — Nous sommes de votre avis, général! Mais voici le Bersaglieri, il pourra peut-être nous dire l'emploi qu'occupait ce colonel à la cour de Turin.

« — Eh! l'ami, quel est ce comte de Barge qui vient de nous quitter?

« — Le comte de Barge, messieurs, c'est le roi Charles-Albert.

« — Le roi!

« — Messieurs, reprend le comte de Thurn après quelques instants de silence, Dieu protége l'Autriche! Que n'eût pas dit le monde si, par une fatale méprise, la batterie eût fait feu sur cette voiture et que ce malheureux prince eût été frappé, comme cela paraissait inévitable! On aurait dit qu'ennemis aussi perfides qu'implacables, nous avions assassiné le roi Charles-Albert dans un lâche guet-apens. Remercions Dieu de nous avoir épargné ce malheur, et félicitons-nous d'avoir pu voir et apprécier d'aussi près notre héroïque adversaire! »

Mais oublions ces tristes souvenirs, oublions même les maux de la guerre présente, car Novare vient d'être abominablement rançonnée par les hordes indisciplinées de l'implacable Autriche, c'est-à-dire par ces sauvages Croates dont la barbarie n'a d'égale que celle de ces mercenaires dont les chroniqueurs du moyen âge nous ont dévoilé les hideuses déprédations....

C'est à six lieues de cette malheureuse ville que nous rencontrons Magenta.

VII

MAGENTA.

Magenta! — L'écrivain se tait. — L'histoire parle. — Rapport de l'Empereur.

Magenta! Le cœur de tout Français doit tressaillir à ce nom, qui rappelle une des plus mémorables victoires dont puisse s'enorgueillir notre invincible armée!

Ici la plume de l'écrivain doit céder la place au burin de l'histoire ; le lecteur me saura gré, sans aucun doute, de reproduire ici intégralement le bulletin officiel de cette terrible bataille!

PASSAGE DU TESSIN ET BATAILLE DE MAGENTA.

Quartier général de San-Martino, le 5 juin 1859.

« L'armée française, réunie autour d'Alexandrie, avait devant elle de grands obstacles à vaincre. Si elle marchait sur Plaisance, elle avait à faire le siége de cette place et à s'ouvrir de vive force le passage du Pô, qui en cet endroit n'a pas moins de neuf cents mètres de largeur, et cette opération si difficile devait être exécutée en présence d'une armée ennemie de plus de deux cent mille hommes.

« Si l'Empereur passait le fleuve à Valence, il trouvait l'ennemi concentré sur la rive gauche, à Mortara, et il ne pouvait l'attaquer dans cette position que par des colonnes séparées, manœuvrant au milieu d'un pays coupé de canaux et de rizières : il y avait donc des deux côtés un obstacle presque insurmontable. L'Empereur résolut de le tourner, et il donna le change aux Autrichiens en massant son armée sur la droite et en lui faisant occuper Casteggio et même Robbio, sur la Trebia.

« Le 31 mai, l'armée reçut l'ordre de marcher par la gauche, et franchit le Pô à Casale, dont le pont était resté en notre possession ; elle prit aussitôt la route de Vercelli, où le passage de la Sesia fut opéré pour protéger et couvrir notre marche rapide sur Novare. Les efforts de l'armée furent dirigés vers la droite, sur Robbio, et deux combats glorieux pour les troupes sardes, livrés de ce côté, eurent encore pour effet de faire croire à l'ennemi que nous marchions sur Mortara. Mais pendant ce temps, l'armée française s'était portée vers Novare, et elle y avait pris position sur le même emplacement où, dix ans auparavant, le roi Charles-Albert avait combattu. Là elle pouvait faire tête à l'ennemi s'il se présentait.

« Ainsi cette marche hardie avait été protégée par cent mille hommes campés sur notre flanc droit à Olengo, en avant de Novare. Dans ces circonstances, c'était donc à la réserve que l'Empereur devait confier l'exécution du mouvement qui se faisait en arrière de la ligne de bataille.

« Le 2 juin, une division de la garde impériale fut dirigée vers Turbigo, sur le Tessin, et, n'y trouvant aucune résistance, elle y jeta trois ponts.

« L'Empereur, ayant recueilli des renseignements qui s'accordaient à lui faire connaître que l'ennemi se retirait sur la rive gauche du fleuve, fit passer le Tessin en cet endroit par le corps d'armée du général de Mac-Mahon, suivi le lendemain par une division de l'armée sarde.

« Nos troupes avaient à peine pris position sur la rive lombarde, qu'elles y furent attaquées par un corps autrichien venu de Milan par le chemin de fer. Elles le repoussèrent victorieusement sous les yeux de l'Empereur.

« Dans la même journée du 2 juin, la division Espinasse s'étant avancée sur la route de Novare à Milan jusqu'à Trecate, d'où elle menaçait la tête de pont de Boffalora, l'ennemi évacua précipitamment les retranchements qu'il avait établis sur ce point, et se replia sur la rive gauche en faisant sauter le pont de pierre qui traverse le fleuve en cet endroit. Toutefois, l'effet de ses fourneaux de mine ne fut pas complet, et les deux arches de pont qu'il s'était proposé de renverser s'étant seulement affaissées sur elles-mêmes sans s'écrouler, le passage ne fut pas interrompu.

« La journée du 4 avait été fixée par l'Empereur pour la prise de possession définitive de la rive gauche du Tessin. Le corps d'armée du général Mac-Mahon, renforcé de la division des voltigeurs de la garde impériale et suivi de toute l'armée du roi de Sardaigne, devait se porter de Turbigo sur Boffalora et Magenta, tandis que la division des grenadiers de la garde impériale s'emparerait de la tête de pont de Boffalora sur la rive gauche, et que le corps d'armée du maréchal Canrobert s'avancerait sur la rive droite pour passer le Tessin au même point.

« L'exécution de ce plan d'opérations fut troublée par quelques-uns de ces incidents avec lesquels il faut compter à la guerre. L'armée du roi fut retardée dans son passage de la rivière, et une seule de ses divisions put suivre d'assez loin le corps du général de Mac-Mahon.

« La marche de la division Espinasse souffrit aussi des retards, et, d'un autre côté, lorsque le corps du maréchal Canrobert sortit de Novare pour rejoindre l'Empereur, qui s'était porté de sa personne à la tête de pont de Boffalora, ce corps trouva la route tellement encombrée qu'il ne put arriver que fort tard au Tessin.

« Telle était la situation des choses, et l'Empereur attendait, non sans anxiété, le signal de l'arrivée du corps du général de Mac-Mahon à Boffalora, lorsque vers les deux heures il entendit de ce côté une fusillade et une canonnade très-vives : le général arrivait.

« C'était le moment de le soutenir en marchant vers Magenta. L'Empereur lança aussitôt la brigade Wimpffen contre les positions formidables occupées par les Autrichiens en avant du pont ; la brigade Cler suivit le mouvement. Les hauteurs qui bordent le Naviglio (grand canal) et le village de Boffalora furent promptement emportés par l'élan de nos troupes ; mais elles se trouvèrent alors en face de masses considérables qu'elles ne purent enfoncer et qui arrêtèrent leurs progrès.

« Cependant le corps d'armée du maréchal Canrobert ne se montrait point, et, d'un autre côté, la canonnade et la fusillade qui avaient signalé l'arrivée du général de Mac-Mahon avaient complètement cessé. La colonne du général avait-elle été repoussée, et la division des grenadiers de la garde allait-elle avoir à soutenir, à elle seule, tout l'effort de l'ennemi ?

« C'est ici le moment d'expliquer la manœuvre que les Autrichiens avaient faite. Lorsqu'ils eurent appris, dans la nuit du 2 juin, que l'armée française avait surpris le passage du Tessin à Turbigo, ils avaient fait repasser rapidement ce fleuve, à Vigevano, par trois de leurs corps d'armée, qui brûlèrent les ponts derrière eux. Le 4 au matin, ils étaient devant l'Empereur au nombre de 125,000 hommes, et c'est contre ces forces si disproportionnées que la division des grenadiers de la garde, avec laquelle se trouvait l'Empereur, avait seule à lutter.

« Dans cette circonstance critique, le général Regnauld de Saint-Jean-d'Angély fit preuve de la plus grande énergie, ainsi que les généraux qui commandaient sous ses ordres. Le général de division Mellinet eut deux chevaux tués sous lui ; le général Cler tomba mortellement frappé ; le général Wimpffen fut blessé à la tête ; les commandants Desmé et Maudhuy, des grenadiers de la garde, furent tués ; les zouaves perdirent 200 hommes et les grenadiers subirent des pertes non moins considérables.

« Enfin, après une longue attente de quatre heures, pendant laquelle la division Mellinet soutint sans reculer les attaques de l'ennemi, la brigade Picard, le maréchal Canrobert en tête, arriva sur le lieu du combat. Peu après parut la division Vinoy, du corps du général Niel, que l'Empereur avait fait appeler, puis enfin les divisions Renault et Trochu, du corps du maréchal Canrobert.

« En même temps, le canon du général de Mac-Mahon se faisait de nouveau entendre dans le lointain. Le corps du général, retardé dans sa marche, et moins nombreux qu'il n'aurait dû l'être, s'était avancé en deux colonnes sur Magenta et Boffalora.

« L'ennemi ayant voulu se porter entre ces deux colonnes pour les couper; le général de Mac-Mahon avait rallié celle de droite sur celle de gauche, vers Magenta, et c'est ce qui explique comment le feu avait cessé, dès le début de l'action, du côté de Boffalora.

« En effet, les Autrichiens, se voyant pressés sur leur front et sur leur gauche, avaient évacué le village de Boffalora et porté la plus grande partie de leurs forces contre le général de Mac-Mahon, en avant de Magenta. Le 45ᵉ de ligne s'élança avec intrépidité à l'attaque de la ferme de Cascina Nuova, qui précède le village et qui était défendue par deux régiments hongrois. 1,500 hommes de l'ennemi y déposèrent les armes, et le drapeau fut enlevé sur le cadavre du colonel. Cependant la division de la Motterouge se trouvait pressée par des forces considérables qui menaçaient de la séparer de la division Espinasse. Le général de Mac-Mahon avait disposé en seconde ligne les treize bataillons des voltigeurs de la garde sous le commandement du brave général Camou, qui, se portant en première ligne, soutint au centre les efforts de l'ennemi et permit aux divisions de la Motterouge et Espinasse de reprendre vigoureusement l'offensive.

« Dans ce moment d'attaque générale, le général Auger, commandant l'artillerie du deuxième corps, fit mettre en batterie, sur la chaussée du chemin de fer, quarante bouches à feu, qui, prenant en flanc et d'écharpe les Autrichiens défilant en grand désordre, en firent un carnage affreux.

« A Magenta le combat fut terrible. L'ennemi défendit ce village avec acharnement. On sentait de part et d'autre que c'était là la clef de la position. Nos troupes s'en emparèrent maison par maison, en faisant subir aux Autrichiens des pertes énormes. Plus de 10,000 des leurs furent mis hors de combat, et le général de Mac-Mahon leur fit environ 5,000 prisonniers, parmi lesquels un régiment tout entier, le 2e chasseurs à pied, commandé par le colonel Hauser. Mais le corps du général eut lui-même beaucoup à souffrir : 1,500 hommes furent tués ou blessés. A l'attaque du village, le général Espinasse et son officier d'ordonnance, le lieutenant Froidefond, étaient tombés frappés à mort. Comme lui, à la tête de leurs troupes, étaient tombés les colonels Drouhot, du 65e de ligne, et de Chabrière, du 2e régiment étranger.

« D'un autre côté, les divisions Vinoy et Renault faisaient des prodiges de valeur sous les ordres du maréchal Canrobert et du général Niel. La division Vinoy, partie de Novare dès le matin, arrivait à peine à Trecate, où elle devait bivouaquer, quand elle fut appelée par l'Empereur. Elle marcha au pas de course jusqu'à Ponte di Magenta, en chassant l'ennemi des positions qu'il occupait et en lui faisant plus de 1,000 prisonniers; mais, engagée avec des forces supérieures, elle eut à subir beaucoup de pertes : 11 officiers furent tués et 50 blessés ; 650 sous-officiers et soldats furent mis hors de combat. Le 85e de ligne eut surtout à souffrir : le commandant Delort, de ce régiment, se fit bravement tuer à la tête de son bataillon, et les autres officiers supérieurs furent blessés. Le général Martimprey fut atteint d'un coup de feu en conduisant sa brigade.

« Les troupes du maréchal Canrobert firent aussi des pertes regrettables. Le colonel de Senneville, son chef d'état-major, fut tué à ses côtés; le colonel Charlier, du 90e, fut mortellement atteint de cinq coups de feu, et plusieurs officiers de la division Renault furent mis hors de combat, pendant que le village de Ponte di Magenta était pris et repris sept fois de suite.

« Enfin, vers huit heures et demie du soir, l'armée française restait maîtresse du champ de bataille, et l'ennemi se retirait en laissant entre nos mains quatre canons, dont un pris par les grenadiers de la garde, deux drapeaux et 7,000 prisonniers. On peut évaluer à 20,000 environ le nombre des Autrichiens mis hors de combat. On a trouvé sur le champ de bataille 12,000 fusils et 30,000 sacs.

« Les corps autrichiens qui ont combattu contre nous sont ceux de Klam-Gallas, Zobel, Schwartzenberg et Lichtenstein. Le feld-maréchal Giulay commandait en chef.

« Ainsi, cinq jours après le départ d'Alexandrie, l'armée alliée avait livré trois combats, gagné une bataille, débarrassé le Piémont des Autrichiens et ouvert les portes de Milan. Depuis le combat de Montebello, l'armée autrichienne a perdu 25,000 hommes tués ou blessés, 10,000 prisonniers et 17 canons. »

VIII

MILAN.

Route de Magenta à Milan. — Les convois. — Les troupes. — Notre entrée en ville. — Manifestation populaire du 9 juin. — Napoléon III devant les Milanais. — Illuminations. — Attitude des habitants. — On s'arrache les officiers, les soldats. — Nous n'échappons pas à l'ovation générale. — Nous devenons les hôtes du comte B..... — La Comtesse. — Promenade dans la ville. — Proclamations de l'Empereur. — La cathédrale. — La façade. — Les bas-reliefs. — Les statues. — Les inscriptions. — Les tombeaux. — Les chapelles. — Le sommet de la cathédrale. — Les quatre points cardinaux. — Histoire du chanoine B...., — Le lacryma-christi et l'estomac. — L'estomac et les pauvres.

En quittant Magenta, nous nous dirigeons vers Milan ; la route est encombrée de convois escortés par des troupes, et nous avons le plaisir de cheminer avec des compatriotes qui nous racontent divers épisodes des dernières batailles.

Nous faisons notre entrée dans la ville par la porte Vercillina ; toute la ville est en rumeur, l'empereur Napoléon et le roi Victor-Emmanuel ont fait hier 8 juin leur entrée dans la capitale de la Lombardie, et ce soir une imposante manifestation populaire a lieu ; tous les notables habitants se rendent vers le palais de l'Empereur pour l'acclamer et le féliciter.

Quoique en habits de voyage, nous nous mêlons au torrent qui nous conduit à la villa Bonaparte, assez beau palais qui a servi de résidence à l'empereur Napoléon Ier.

Vers neuf heures Napoléon III paraît au balcon, l'enthousiasme est à son comble; les cris de toute la population se font entendre, toute la ville s'illumine et s'entoure d'un cordon de feu, et pendant toute la soirée des groupes séjournent dans les rues et sur les places.

On cause, on rit, on chante, tous les visages sont animés d'une brillante gaieté; on s'arrache les officiers, les soldats, on les entraîne dans les cafés, il faut qu'ils boivent, qu'ils racontent leurs hauts faits; on les écoute religieusement, puis, les mains se pressent, les cris de vive la France! vivent les Français! éclatent; on se tait pour recommencer un moment plus tard.

Nous n'échappons pas à cette ovation, malgré nos habits bourgeois nous sommes reconnus comme Français, alors on s'empare de nous; plus moyen d'aller à l'hôtel, c'est un noble Milanais qui nous offre gracieusement l'hospitalité dans son palais; nous voulons refuser, impossible! Il nous faut suivre le comte B..... qui, malgré nos réclamations, nous présente avec nos habits poudreux à la comtesse, charmante Vénitienne exilée volontaire de la ville des Lagunes.

La soirée se termine en une causerie intime. Nous parlons de Milan délivrée, de Venise qui va l'être.

Le lendemain matin nous sortons escortés de notre hôte qui s'est chargé de nous faire voir toutes les curiosités de la ville.

L'animation est grande encore, de nombreux groupes sont formés autour des proclamations suivantes affichées sur les murs :

« Italiens,

« La fortune de la guerre me conduisant aujourd'hui dans la capitale de la Lombardie, je viens vous dire pourquoi j'y suis.

« Lorsque l'Autriche attaqua injustement le Piémont, je résolus de soutenir mon allié le roi de Sardaigne, l'honneur et les intérêts de la France m'en faisant un devoir. Vos ennemis, qui sont les miens, ont tenté de diminuer la sympathie universelle qu'il y avait en Europe pour votre cause, en faisant croire que je ne faisais la guerre que par ambition personnelle, ou pour agrandir le territoire de la France. S'il y a des hommes qui ne comprennent pas leur époque, je ne suis pas du nombre.

« Dans l'état éclairé de l'opinion publique, on est plus grand aujourd'hui par l'influence morale qu'on exerce que par des conquêtes stériles, et cette influence morale je la recherche avec orgueil en contribuant à rendre libre une des plus belles parties de l'Europe. Votre accueil m'a déjà prouvé que vous m'avez compris. Je ne viens pas ici avec un système préconçu pour déposséder les souverains ni pour vous imposer ma volonté ; mon armée ne s'occupera que de deux choses : combattre vos ennemis et maintenir l'ordre intérieur ; elle ne mettra aucun obstacle à la libre manifestation de vos vœux légitimes. La Providence favorise quelquefois les peuples comme les individus en leur donnant l'occasion de grandir tout à coup ; mais c'est à la condition qu'ils sachent en profiter. Profitez donc de la fortune qui s'offre à vous.

« Votre désir d'indépendance si longtemps exprimé, si souvent déçu, se réalisera si vous vous en montrez dignes. Unissez-vous donc dans un seul but, l'affranchissement de votre pays. Organisez-vous militairement. Volez sous les drapeaux du roi Victor-Emmanuel, qui vous a déjà si noblement montré la voie de l'honneur. Souvenez-vous que sans discipline il n'y a pas d'armée ; et, animés du feu sacré de la patrie, ne soyez aujourd'hui que soldats ; demain, vous serez citoyens libres d'un grand pays.

« Fait au quartier impérial de Milan, le 8 juin 1859.

« Napoléon. »

« Soldats !

« Il y a un mois, confiant dans les efforts de la diplomatie, j'espérais encore la paix, lorsque tout à coup l'invasion du Piémont par les troupes autrichiennes nous appela aux armes. Nous n'étions pas prêts : les hommes, les chevaux, le matériel, les approvisionnements manquaient, et nous devions, pour secourir nos alliés, déboucher à la hâte par petites fractions au delà des Alpes, devant un ennemi redoutable, préparé de longue main.

« Le danger était grand, l'énergie de la nation et votre courage ont suppléé à tout. La France a retrouvé ses anciennes vertus, et, unie dans un même but comme en un seul sentiment, elle a montré la puissance de ses ressources et la force de son patriotisme. Voici dix jours que les opérations ont commencé, et déjà le territoire piémontais est débarrassé de ses envahisseurs.

« L'armée alliée a livré quatre combats heureux et remporté une victoire décisive qui lui ont ouvert les portes de la capitale de la Lombardie; vous avez mis hors de combat plus de trente-cinq mille Autrichiens, pris dix-sept canons, deux drapeaux, huit mille prisonniers; mais tout n'est pas terminé ; nous aurons encore des luttes à soutenir, des obstacles à vaincre.

« Je compte sur vous; courage donc, braves soldats de l'armée d'Italie ! Du haut du ciel vos pères vous contemplent avec orgueil.

« Fait au quartier général de Milan, le 8 juin 1859.

« NAPOLÉON. »

La première chose que nous demandons à visiter, c'est la cathédrale, le comte B..... nous y mène obligeamment.

Elle est d'un aspect saisissant, c'est un immense édifice en marbre qui n'a pas son pareil dans l'univers; Théophile Gautier en a rendu le caractère principal en quelques lignes que nous allons citer :

« Quand on regarde le dôme de la place, le premier effet est éblouissant : la blancheur du marbre, tranchant sur le bleu du ciel, vous frappe tout d'abord, on dirait une immense guipure d'argent posée sur un fond de lapis lazuli. C'est la première impression, c'est aussi le dernier souvenir. Lorsque nous pensons au dôme de Milan, c'est ainsi qu'il nous apparaît. Le Dôme est une des rares églises gothiques de l'Italie, mais ce gothique ne ressemble guère au nôtre : ce n'est pas cette foi sombre, ce mystère inquiétant, cette profondeur ténébreuse, ces formes émaciées; cet élancement de la terre vers le ciel, ce caractère d'austérité qui répudie la beauté comme trop sensuelle et ne prend de la nature que ce qu'il en faut pour faire un pas au-devant de Dieu ; c'est un gothique plein d'élégance, de grâce et d'éclat, qu'on rêverait pour des palais féeriques et avec lequel on pourrait bâtir des alcazars et des mosquées aussi bien qu'un temple catholique. La délicatesse dans l'énormité et la blancheur lui donnent l'air d'un glacier avec ses mille aiguilles, ou d'une gigantesque concrétion de stalactites; on a peine à croire que ce soit un ouvrage de main d'homme. »

La façade est des plus simples. Après avoir monté sept gradins de granit rouge, on se trouve sur une plate-forme qui s'étend sur toute sa largeur; on entre dans ce temple majestueux par cinq portes de style romain, au-dessus desquelles il y a cinq grandes fenêtres du même style, et au haut de celle du milieu se trouvent trois autres en ogive à vitraux coloriés, dont deux, de nouvelle invention, sont du peintre sur verre Jean Bertini, Milanais; l'autre est de Félix Dell' Aqua. Sur le fronton de la grande fenêtre, au-dessus du grand portail du milieu, on voit l'inscription suivante en lettres de bronze doré :

MARIÆ NASCENTI.

Les bases de six pilastres, dont quatre sont doubles et deux simples, sont ornées par quarante-sept bas-reliefs retraçant des sujets de l'Ancien Testament, ou faisant allusion aux mystères de la religion.

Près de deux cent cinquante statues décorent cette superbe façade, dont le haut est orné de douze aiguilles en marbre, supportant autant de statues colossales. Sur le côté gauche du pilier, vers le palais royal, se trouve l'inscription suivante :

TEMPLI. FRONTEM
GRÆCO. OPERE. INCHOATAM
GOTHICO
AD. MOLIO. VNIVERSÆ. CONSENSVM
INSTAVRANDAM. PERFICIENDAM
OSTIORVM. LVMINVM. ANTEPAGMENTIS
OB. ARTIFICII. ELEGANTIAM
INTACTIS
XX. VIRI. ÆDIFICATIONI. PROCVRANDÆ
DECREVERVNT
ANNO. MDCCLXXXX

A l'opposé de ce même pilastre, il y a quatre bas-reliefs :

« Le premier, nous dit le comte, représente Tobie accompagné par un ange ramassant le poisson dont le fiel doit guérir les yeux du vieux Tobie ; c'est Joseph Ferrandino qui a fait cette œuvre.

« Le second vous peint Moïse retiré des eaux par la fille de Pharaon ; c'est l'œuvre de Grazioso Rusca.

« Ce troisième, que vous voyez au-dessus, vous retrace Joseph fuyant Putiphar ; c'est Barthélemy Ribossi qui l'a sculpté.

« Quant au quatrième, Dossa Carabelli y a représenté la lutte de Jacob avec l'ange.

« Les deux statues qui surmontent ces bas-reliefs représentent : celle-ci, de Pierre Possente, saint Barnabé, celle-là, d'Antoine Pasquali, saint Thaddée.

« Mais voici encore des bas-reliefs : dans celui-ci, Carabelli a représenté les deux explorateurs revenant de la terre promise et rapportant une grappe de raisin, la fameuse grappe de Chanaan.

« Celui-là vous peint les deux anges chassant Adam et Ève du Paradis : il est de Charles-Marie Giudici.

« Cet autre est encore de Carabelli, c'est Daniel au milieu des lions.

« Dans cet autre, enfin, de Giudici, on voit Job étendu sur son fumier.

« Quant aux deux statues que vous voyez au-dessus de ces bas-reliefs, elles sont de Bonelli Buzzi et Joseph Buzzi, et représentent saint Barthélemy et saint Jacques le Mineur.

« Si vous voulez maintenant examiner les ornements des portails, qui furent sculptés par Charles Minicati et Martin Solari, d'après les dessins d'André Biffi, vous pouvez voir au-dessus du principal de ces portails un magnifique bas-relief en marbre de Carrare, représentant Esther devant Assuérus. Ce bas-relief est de Charles Biffi, qui l'a fait d'après un tableau de J.-B. Crespi, dit le Cerano.

« Ce groupe d'anges que vous remarquez au cintre de ce portail est une production de Pierre Lasagni, et ce bas-relief que vous voyez en haut de la fenêtre, et qui est exécuté avec beaucoup de goût, est l'œuvre de Charles-Marie Giudici, vous représente Samuël sacrant Saül roi des Hébreux.

« Vous voyez sur ce pilastre suivant quatre bas-reliefs : le premier vous représente le songe de Jacob, il est d'Ange Pizzi, un de nos compatriotes ;

« Dans le second, vous voyez Moïse frappant le rocher duquel jaillit l'eau. Il est de Buzzi.

« Celui-ci nous peint le prophète Élie ressuscitant le fils de la veuve ; il est de Grazioso Rusca.

« Et enfin ce dernier, qui est l'œuvre de César Pagani, représente la tour dite de David.

« Cette statue qui surmonte les bas-reliefs, est celle de saint Jacques le Majeur ; c'est l'œuvre de Camille Pacetti. »

— Maintenant, messieurs, reprend le comte, nous allons entrer dans l'église.

Nous suivons notre cicerone et nous entrons par le portail du milieu.

Nous admirons aux côtés deux magnifiques colonnes d'une seule pièce en granit rouge, tirées des carrières de Baveno, près le lac Majeur.

Elles ont dix mètres de hauteur, et soutiennent un grand balcon, aux extrémités duquel nous remarquons deux statues de grandeur colossale.

— Quelles sont ces statues? dit Ernest.

— Quelles statues? demanda le comte, qui examinait l'inscription suivante placée au-dessus du portail :

ARAM. MAXIMAM
MARTINVS. P. P. V
TEMPLVM. D. CAROLVS
CONSECRARVNT

— Ces deux-là!

— Qui surmontent le grand balcon?

— Oui, monsieur le comte.

— L'une, messieurs, celle de droite, représente saint Ambroise, et est l'œuvre du chevalier Pompée Marchesi; celle de gauche est saint Charles, par Monti, de Ravenne.

— Elles sont gigantesques, reprit Léon, et doivent bien charger ce balcon, qui, du reste, est admirable.

— C'est là, messieurs, un des grands talents de l'architecte qui a édifié cette pièce de l'église. Mais veuillez regarder au-dessus de cette inscription en lettres de bronze que j'examinais tout à l'heure, cette grande fenêtre à vitraux coloriés, qui nous peint l'assomption de la Vierge; c'est une des plus belles œuvres de Bertini.

— Il me semble apercevoir une inscription au-dessus de cette fenêtre, dis-je, en me haussant sur la pointe des pieds pour mieux voir.

— En effet, dit le comte, voici ce qu'on lit :

FRANCISCVS. I. CÆS. A.
ORNAVIT. ADAVXIT

Avant d'aller plus loin, examinez un peu les accessoires qui décorent les cinq portes d'entrée, comme ils sont délicats! C'est sur les dessins de Fabius Mangone qu'ils ont été faits.

Nous entrons cependant dans l'église, nous marchons sur des pavés de marbre de différentes couleurs. Comme nous nous extasiions sur la beauté et la richesse de cette mosaïque, le comte nous dit :

— C'est grâce au zèle et aux soins sans nombre des administrateurs de ce temple sans rivaux que ce carrelage magnifique est achevé ; c'est grâce à eux aussi que cette admirable voûte a été dessinée et peinte.

— Quel en est l'auteur?

— Un de nos compatriotes, Félix Alberti, l'avait commencée, mais en 1827, un accident qui eut sa mort pour résultat vint l'enlever tout jeune encore à son œuvre. Alexandre Sanquirico le remplaça pour la direction et la continuation de ce travail. Depuis 1828 jusqu'à 1831, il fut lui-même remplacé par François Gabetta, artiste fort habile, qui vient d'achever ce travail avec un véritable succès.

Poursuivant notre visite intérieure, nous admirons les autels, tous en marbre de diverses couleurs, et dessinés par le célèbre Pellegrini, par Cérani et Martin Bassi, d'après les ordres de saint Charles. A l'entrée du temple, sur les dalles, est un beau méridien, tracé en 1786 par les astronomes de l'observatoire de Brescia.

A droite en entrant est un tombeau en marbre et d'un joli dessin, d'auteur inconnu. Là reposent les cendres du bienfaisant Marc Carelli, qui légua trente-cinq mille ducats d'or pour la conservation du temple. On a mis sur ce mausolée l'épitaphe suivante :

```
            HAC. ADMIRANDA. MARCUS. RESQUIESCIT IN ARCHA
              QUI. DE BARELLIS. GNONUNE DICTUS ERAT
            HIC. TIBI. DEVOTUS. SANCTISSIMA. VIRGO. MARIA
             PRO. FABRICCA. ECCLESIÆ. MAXIMA. DONA. DEDIT
           MELIA. NAM. PLUSQUAM. TRINGENTA. QUINQUE. DUCATUM
              CONTULIT. ERGO. ANIMÆ. TU. MISERERE. SUÆ
            QUI. DOMINUM. MARCUS. OBIIT. DIE XVIII SEPTEMBRIS
                              MCCCXCIV
```

La première chapelle que nous voyons dans la nef est dédiée à sainte Agathe, visitée dans sa prison par saint Pierre ; c'est l'œuvre de Frédéric Zuccaro. Nous remarquons plusieurs statues, entre autres, celle de sainte Apollonie, par le professeur Benoît Cacciatori, et celle de sainte Catherine de Sienne, par le professeur Pompée Marchesi.

Devant l'autel il y a une plaque de marbre noir sous laquelle est enseveli le corps du cardinal archevêque de Milan, Charles Caïetan, comte de Gaisruck, l'épitaphe est ainsi conçue :

```
                    HEIC. RITE. CONDITVS
              KAROLVS. CAIET. GAISRVKIVS. COMES
                 DOMO. CLAUDIA. CARENTANORVM
            S. R. EC. PRESB. CARDINALIS. TIT. S. MARCI
                  ARCHIEPISCOPVS. MEDIOLANI
                  PER. ANNOS. AMPLIUS. XXVIII
            DECESSIT. VIII. KAL. DEC. AN. MDCCC. XLVI
              NATVS. ANNOS. LXXVII. M. III. D. XII.
```

Dans la seconde chapelle est une table attribuée à Melchior Gherardini. Le comte nous fait remarquer un saint Jean l'Évangéliste s'entretenant avec les anges, peint sur plomb.

Les statues latérales des apôtres Jacques le Majeur et Jacques le Mineur, sont de Jean Labrus et François Lomajni. Au bas de la chapelle se trouve une pierre sépulcrale sur laquelle est gravée une inscription rappelant la pieuse munificence, les talents et les vertus du cardinal Jean-Baptiste de Caprera, qui fut archevêque de Milan. Elle est ainsi conçue :

HEIC. POSITUM
COR
JOAN. BAPTISTÆ. CAPRARÆ
DOMO. BONONIA
S. R. E. CARDINALIS
LEGATIONE. VICARIA. ÆMILIÆ
LEGATIONIBVS. COLONIENSI. HELVETIA VINDOBONENSI
FRANCFORTIANA. PERFUNCTI
EPISCOPI. ÆSINATIVM
LEGATI. AD. IMP. NAPOLEONEM. AVG
ARCHIEP. MEDIOLANENSIUM
VIRI. IN. MAX. NEGOTIIS. AGEND. PRVDENTISSIMI
DE. VTRAQVE. ECCLESIA.
ÆDIBVS. SEMINARII. ÆSINATIS. REFECTIS
ET. GROPELLO. PAGO. IN. AGRO. MEDIOLANENSI
VTI. FREQVENTIÆ. MVNICIPIVM. ONESTIVM. PATERET
EXTRVCTIS. DOMIBVS. RENOVATO.
ET. MAGISTRO. PVERIS. INSTITVENDIS. AVCTO.
EGENISQVE. ET. ÆGROTIS. PERPETVA. OPE. SVBLEVATIS
OPTIME. MERITI.
VIXIT. AN. LXXVII
SAPIENS. COMIS. MVNIFICVS
ACCEPTVS. PRINCIPIBVS. CARVS. OMNIBVS
DECESSIT
LVTETIÆ. PARISIORVM. XI. K. JVL. AN. MDCCCX
HÆREDES. F. C.

Dans la troisième chapelle, il y a un tableau de Jean-Jacques Roveve, appelé le Flammenghino, représentant la Vierge, saint Victor et saint Roch.

Après avoir visité cette chapelle, nous tournons à droite, où le comte nous fait admirer le plus riche et le plus magnifique chef-d'œuvre que renferme le temple. C'est une production du puissant et magique ciseau de Léon Léoni, surnommé le chevalier Aretino, exécutée d'après les dessins de Michel-Ange.

Le pape Pie IV fit ériger ce monument dans l'église en l'honneur de ses frères Jean-Jacques et Gabriel Médici. Il est orné de six jolies colonnes que ce pontife envoya de Rome : quatre sont de marbre noir veiné de blanc, et les deux autres sont en marbre rouge ; les différentes parties sont en marbre de Carrare, à l'exception des statues, des bas-reliefs et des candélabres, qui sont en bronze. Au haut du monument est placée la statue de Jean-Jacques : elle est de grandeur colossale, et entre les colonnes qui l'avoisinent, on voit deux femmes assises sur un piedestal moins élevé, dans l'attitude de la tristesse ; l'une symbolise la paix, l'autre, l'héroïsme militaire. Au-dessus de la statue principale se trouve le nom du célèbre artiste :

LEO. ARENTIN. EQVES. F.

Plus haut, on voit deux autres statues, symboles de la prudence et de la renommée. Au centre, se trouvent un bas-relief en bronze, rappelant la nativité du Sauveur, deux candélabres, des arabesques et deux bas-reliefs. Sur les entre-colonnements sont placées les deux inscriptions qui suivent :

JO. JACOBO MEDICI	GABRIELLI MEDICI
MARCHIONI. MEREGNANI. EXIMII	INGENII. ET FORTITVDINIS
ANIMI. ET CONSILII. VIRO	EXIMIÆ. ADOLESCENTI
MVLTIS. VICTORIIS. PER. TOTAM.	POST. CLADEM. RETHIS
FERE. EVROPAM. PARTIS. APVD	ET FRANCISCO. II. SPORTIÆ
OMNES. GENTES. CLARISSIMO. CVM	ILLATAM. NAVALI. PRÆLIO
AD. EXITVM. VITÆ. ANNO. ÆTATIS	DVM. VINCIT. CVM. INDVCTI
LX. PERVENISSET	ANIMI. GLORIA. INTERFECTO.

Sur la corniche du fronton sont sculptés les mots suivants :

PIVS. IIII. PONT. MAX. FRA. B. FIERI. I.

A côté de ce monument est un petit autel d'un marbre précieux, également donné par ce pontife, oncle maternel de saint Charles Borromée. Entre cet autel et le monument existe une porte, au pied d'un escalier assez commode qui conduit sur le haut de l'édifice.

Sur l'invitation du comte, nous montons par cet escalier pour arriver au sommet du dôme, les statues y sont répandues à profusion, nous y remarquons des bas-reliefs de toutes grandeurs, tous faits par des artistes hors ligne.

Deux statues attirent surtout notre attention, c'est Adam et Ève; le sujet a été traité de main de maître par le célèbre sculpteur Christophe Solari, dit le Bossu.

Après avoir franchi cinq cent douze degrés, nous arrivons exténués sur la plate-forme de la coupole.

— Voyez, nous dit le comte, ces deux aiguilles, et il nous montrait les extrémités nord de la plate-forme, par elles on peut parvenir jusqu'à la lanterne; on doit en construire deux autres, aux deux extrémités, faisant face, qui contiendront aussi chacune un escalier. Bornons-nous pour le moment à examiner l'aiguille principale : quelle hardiesse! c'est François Croce qui l'a construite et qui y a placé cette statue de la Vierge que vous voyez d'ici, si petite, et qui n'a pas moins de quatre mètres vingt-cinq centimètres de hauteur.

En effet, nous sommes subjugués par ce spectacle imposant; nous restons muets au milieu de cette forêt d'aiguilles de pierre (il n'y en a pas pas moins de cent trente-six) contenant chacune vingt-cinq statues!

Je ne décrirai pas les milliers de sujets qui sont brodés sur la pierre et qu'on ne peut se lasser d'admirer, il me faudrait un volume. Je me contenterai de parler de l'aiguille récemment achevée, contenant un escalier tournant qui aboutit à une autre aiguille surmontant la première, laquelle aiguille est ornée de cent statues.

Cependant nous étions fatigués ; nos yeux étaient éblouis par cette immense guipure de marbre qui reflétait les rayons dorés du soleil.

— Asseyons-nous, dit le comte, et délassons-nous en admirant la nature, en contemplant, après les ouvrages de l'homme, l'ouvrage de Dieu. Voyez! quel point de vue! A l'orient, les plaines fertiles du Lodésan et du Crémasque, qui s'étendent à perte de vue en se fondant dans l'azur de notre beau ciel ; au midi, la longue chaîne des Apennins, qui disparaissent dans l'horizon. N'apercevez-vous pas, par ici, au couchant, ces hautes cimes couvertes de glaces éternelles qui miroitent au soleil : c'est le mont Cenis, et le mont Rose, le Simplon, le Saint-Gothard, et le prolongement des Alpes.

— C'est la France, dit Ernest.

Nous nous levâmes tous trois, et, nous tournant vers l'occident, nous saluâmes la patrie que nous voyions en imagination, derrière ces montagnes aux têtes chenues.

Nous restâmes silencieux quelque temps ; chacun tâchait de voir si par quelque effet de mirage il n'apercevrait pas la fumée de son foyer, et, à travers quelque fenêtre ouverte, une mère ou une sœur regardant à l'orient et cherchant à découvrir un coin du ciel qui nous abritait.

Le comte respecta notre pensée, mais bientôt Léon le prit par le bras, et, lui montrant un admirable paysage qui s'étendait à nos pieds vers le midi :

— Qu'est-ce que cet Éden? Est-ce splendide!

— C'est la Brianza, dit le comte, la nature semble avoir étalé ici tous ses trésors.

— Quel immense panorama! s'écriait Léon transporté.

Quant à moi, je restais immobile et absorbé devant cette luxuriante végétation; surpris et ravi de ces merveilleuses beautés, je ne trouvais pas de termes pour peindre mon admiration.

— Redescendons, dit le comte, il se fait tard, nous ne pourrions visiter aujourd'hui toute l'église, et demain ce sera impossible.

— Impossible! fit Léon.

— Comment! ne savez-vous pas que demain l'Empereur des Français et Victor-Emmanuel doivent venir ici entendre un *Te Deum* d'action de grâces, pour remercier Dieu de la victoire de Magenta?

— Je n'en savais rien.

— Je serais bien curieux d'y assister, dit Ernest, afin de bien voir la noble figure de votre nouveau souverain.

— Ce sera difficile, reprit le comte, mais, par bonheur, je connais le chanoine M......

— Serait-il indiscret, monsieur le comte, de savoir qui est le chanoine M......?

— Nullement, c'est un chanoine de la cathédrale.

— Et vous le connaissez? c'est un de vos amis?

— Oui et non; je le connais, mais malheureusement, je ne suis point encore de ses amis.

— Je ne vois pas alors comment ce respectable chanoine.... il est respectable, n'est-ce pas?

— Très-respectable, il a soixante-douze ans.

— Eh bien! continua Ernest, je ne vois pas comment ce respectable chanoine M......, qui a soixante-douze ans, nous fera entrer demain au *Te Deum*, s'il n'est pas de vos amis.

— Oh! fit le comte en souriant, je le tiens.

— Vous le tenez?

— Oui, je le tiens; le respectable chanoine a une passion dominante.

— Une passion dominante?

— Oui, car il en a d'autres.

— Moi qui croyais que les prêtres étaient sans aucune passion !

— Oui, mais celui-là est une exception, et cette exception le conduira tout droit au ciel.

— Voilà qui est fort !

— C'est pourtant comme cela.

— Mais expliquez-nous, de grâce, ce mystère.

— Vous y tenez?

— Beaucoup !

— Il m'en voudra.

— Qu'importe !

— Je vais vous contenter.

— Dieu soit loué !

— Sachez donc, messieurs, dit le comte, que toute bâtie de marbre que soit notre ville, elle n'en contient pas moins une quantité considérable de malheureux. C'est la loi; dans toutes les agglomérations d'individus, les uns ont tout au delà de leurs désirs : belles demeures, bonne table et le reste, tandis que dans des taudis sans nom, de pauvres êtres, n'ayant d'humain que la forme, croupissent sur des grabats, rongés par la misère et par la vermine, et ne trouvent pas la plupart du temps de quoi subvenir aux besoins matériels du corps. Je sais qu'on dit dans vos pays que notre ciel est un ciel béni, que les récoltes viennent sans qu'aucune main ait eu besoin de remuer la terre, de semer, de herser, etc. : n'en croyez rien ! Dieu, il est vrai, a favorisé notre coin de terre ; il l'a paré d'une verdure éternelle ; il a fait de l'hiver rigoureux un mythe et de la sécheresse absolue une fable, mais la terre est comme partout, c'est une mère qui ne donne que lorsqu'on lui prête ; il faut chez nous aussi de l'agriculture, il faut des bras pour labourer, pour ensemencer, pour préparer cette divine mère à nous prodiguer ses trésors. Qu'arrive-t-il ? c'est qu'ici comme en France, on dédaigne ces travaux qu'on appelle grossiers, et qui sont la prospérité des peuples. Hommes et femmes se précipitent à l'envi dans les grandes villes pour y embrasser, disent-ils, des professions qui leur semblent plus relevées, mais en réalité parce que le gain se traduit par un salaire plus élevé que celui donné dans les campagnes. Alors, comme il y a concurrence d'ouvriers pour l'industrie, il y a baisse de salaire; il y a chômage pour beaucoup, et partant misère, et misère profonde. Je vous demande pardon de ce préambule un peu long, il était nécessaire; j'oserais même ajouter, si j'étais sûr que cela ne sortît pas de vos oreilles, une confidence que je ne vous ferai qu'en rougissant....

— Que voulez-vous dire? nous écriâmes-nous.

— Eh bien! j'ajouterai ceci, mais bien bas et la tête baissée, c'est que notre peuple italien n'a pas tout le courage qu'ont à un si haut degré les peuples du Nord, pour supporter et vaincre la mauvaise fortune. L'Italien, voyez-vous, est prompt, vif, un noble trait l'enflamme, il se lève à ces mots magiques de *Patrie* et de *Liberté!* il va sans marchander son existence, jouer sa vie pour obtenir des institutions libérales; c'est un héros sur le champ de bataille, mais rentré dans ses foyers, ce vainqueur, ce guerrier qui a affronté mille morts pour ce mot de liberté, se couche auprès de sa charrue qui est son pain, parce qu'elle est trop dure à mener, et que rien pour lui n'est préférable à une somnolente rêverie à l'ombre d'un olivier.

Voilà pourquoi il y a tant de misère et voilà pourquoi le chanoine M..... a une passion qui consiste à secourir cette même misère.

Ce chanoine, je vous l'ai dit, a soixante-douze ans. Voilà trente ans qu'il habite Milan, où il est arrivé jouissant d'un revenu de vingt mille ducats. Depuis qu'il est ici, il a dépensé chaque année dix-neuf mille ducats à secourir les infortunés qui sont nombreux dans la ville; il va les voir et leur porte, avec les consolations de la religion, celles non moins efficaces de la bienfaisance. Comme c'est un puits de science, il les soigne dans leurs maladies, et elles sont nombreuses; car c'est encore une confidence qu'il me faut vous faire : ce climat qui vous semble si doux, ce ciel qui vous paraît si beau, si magnifique, c'est fort joli : ici vous ne voyez que cela, mais lorsque vous allez quitter Milan pour vous enfoncer dans l'intérieur de l'Italie, pas bien loin de la ville même, vous rencontrerez d'immenses vallées au fond desquelles croupissent des eaux fangeuses, des marais exhalant des odeurs pestilentielles; ce sera toujours le même ciel bleu, toujours ce soleil vous inondant de ses rayons d'or, mais à vos pieds, des cloaques d'où s'échappent des émanations qui donnent la mort. Eh bien! la plupart des malheureux qui sont ici viennent des contrées marécageuses; ils ont quitté ces endroits dont l'air est mortel, mais ils les ont quittés trop tard, emportant avec eux les germes de la maladie dont ils doivent mourir, dont ils se meurent chaque jour.

Notre chanoine les soigne, il y met une charité divine, sa fortune y passe, et alors il fait quelque chose de plus admirable encore.

— Quoi donc? demanda Léon.

— Le chanoine avait acheté, quelque temps avant de venir à Milan, la cave d'un comte décédé; dans cette cave se trouvaient à peu près trois cents bouteilles de *lacryma Christi* d'un cru que possèdent fort peu de personnes. Le but du chanoine en faisant cet achat était de boire ce vin à petites gorgées, de façon à arriver tout doucement à la tombe, toujours réchauffé par la puissance merveilleuse de ce vin qui n'a pas son pareil au monde. Tous les jours il en buvait un peu, le ménageant comme un élixir de vie; à peine s'il en consommait six à huit bouteilles par an; mais un jour il lui vint dans l'idée d'en faire boire à ses malades, espérant par là détruire les germes du mal. Le médicament fit-il merveille? il faut le croire, car le bonhomme se priva de sa ration de deux jours l'un, prodiguant son lacryma Christi à ses protégés, et dernièrement j'ai appris qu'il ne lui restait plus que trois bouteilles de ce bienfaisant spécifique, ce dont le respectable homme est bien fâché, non pour lui, mais pour ses clients, comme il les appelle. Depuis ce temps, je sais qu'il n'en boit plus que le dimanche.

— L'admirable homme! m'écriai-je.

— Oui, admirable, répondit le comte, et maintenant, il faut que je vous explique comment je le tiens.

— Ah! oui, votre récit nous l'avait fait oublier.

— Voici comment : je possède le clos d'où ce lacryma a été tiré, j'en suis propriétaire ; chaque année, j'en tire à peu près cent à cent dix bouteilles, et à l'heure qu'il est, je dois en avoir dans mes caves quelque chose comme onze à douze cents bouteilles. Je vous y ferai goûter ce soir, à votre dîner, et vous me direz, vous qui devez être gâtés par les vins de France, si rien de plus suave et de plus généreux est jamais sorti de ce tronc informe qu'on appelle un cep de vigne.

— Le bourgogne est bien pétillant, s'écria Ernest.

— Le bordeaux, c'est un velours parfumé, murmura Léon.

— Le champagne vous emporte dans des mondes inconnus, dis-je.

— Mon lacryma, dit le comte, pétille comme votre bourgogne, monsieur Ernest ; est doux et parfumé comme votre bordeaux, monsieur Léon ; et fait rêver comme votre champagne, monsieur Edmond ; vous y goûterez, et vous verrez merveilles comme dit un de vos charmants écrivains, Brillat-Savarin. Mais revenons au chanoine et à vos places pour demain.

— Oui, dit Ernest, comment allez-vous faire, monsieur le comte?

— C'est bien simple : en rentrant, je vais dire à mon intendant de faire porter chez cet homme bienfaisant trois cents bouteilles de lacryma, et ce soir j'irai lui dire qu'ayant appris le bon usage qu'il en fait, je le prie d'en user largement, surtout pour lui. Et si vous le voulez, vous viendrez tous trois avec moi ; en même temps nous lui présenterons notre requête. Est-ce convenu ?

— C'est convenu, répondîmes-nous.

— Eh bien! alors, terminons notre visite à l'église, dont il nous reste à voir toutes les chapelles latérales de gauche.

Nous redescendons les cinq cent douze degrés, et nous continuons notre excursion dans le temple.

Au fond, du côté qui forme la croix, nous trouvons une grande chapelle dédiée à saint Jean Buono. On y voit plusieurs bas-reliefs, dont six sont très-remarquables par leur travail; ils rappellent divers traits de la vie de ce saint; quatre autres représentent les vertus cardinales; tous sont l'œuvre de grands artistes.

Dans la niche de l'autel est placée la statue de ce même saint, foulant à ses pieds Lucifer. De chaque côté de l'autel se trouve une statue en marbre de Carrare : celle de droite représente saint Michel ayant terrassé le démon, qui gît à ses pieds; celle de gauche, un enfant conduit par un ange gardien. Sur la base est le nom de l'artiste :

ELIAS. VINCEN. BVTIVS. INVENT. ET SCVLPSIT.
AN. MDCCLXIII.

Sur les vitraux au-dessus de cette chapelle est retracée la vie du saint auquel elle est consacrée. Sur les dalles, il existe plusieurs pierres tumulaires; nous y remarquons celles de deux prélats de la famille Airoldi.

Tout près de là, le comte nous fait voir une porte qui conduit à un passage souterrain, imaginé par l'architecte Pellegrini, et creusé en 1576 pour servir de communication avec l'archevêché.

Dans la chapelle qui suit, nous remarquons le bas-relief de l'autel, qui est d'Augustin Busti, et retrace la Présentation de la Vierge au temple; puis, tout à côté, nous voyons un petit monument où se trouve un médaillon représentant le portrait d'André Vimercati, ancien chanoine de la cathédrale, et fondateur de cette même chapelle. Nous y lisons cette inscription :

> JO. ANDREAS. VICOMERCATUS
> PROTO. APPLICUS. AC. HVIVS. S^TÆ
> EC^Æ. ORDINARIVS. SAEPE
> COGITANS. SE. MORITVRVM. HOC
> TERRÆ. SVI. CORPORIS. POSVIT
> ALTAREQUE. HOC. DOCTAVIT. ET
> ANCONAM. P. F. PASSVSQVE. VARIOS
> LABORES SVB. ALEX°. VI°. ET
> SEQVENTIBVS SVMMIS PONTIFICIBVS. VSQVE
> AD. PAVLVM. III. SICVLI. SEMPER
> RECTE. VIXIT. ITA. RELIGIOSE
> OBIIT. ANNO. DNI. MDCXLVIII
> DIE. XII. MARTII
> ÆTATIS. SVÆ. ANNO. LXXVIII.

Un autre bas-relief retrace les souffrances du Sauveur; il est soutenu par deux anges. Ce monument se termine à sa base par des encadrements contenant deux bustes de l'oncle et du père dudit chanoine, et une inscription ainsi conçue :

> PHILIPPO. PATRI. ANNOR. LXXVIII. QVI. OBIIT
> ANNO. MCCCCLXXXIIII. ET. NICOLÆ
> PATRVO. ANNOR. LXXIIII. QVI. OBIIT. AN°
> MCCCCLXXXII. VIRIS. FRVGI. ET
> INTEGRITATE. RARIS. IO. ANDREAS
> VICOMERCATVS. POSVIT.

Près de cet autel, on voit la statue de saint Barthélemy écorché. C'est une belle œuvre que tout le monde admire, tant pour la puissance du ciseau que par les connaissances anatomiques de l'artiste qui l'a exécutée. Sur la base on lit cette inscription, un peu bien ambitieuse :

NON. ME PRAXITELES, SED MARCVS FINXIT. AGRATES.

Le bas-relief qu'on voit dans la chapelle qui suit est de Charles Biretta, qui y a retracé les souffrances de sainte Agnès. Dans les entre-colonnes sont deux statues, saint Satyre et saint Ambroise, faites par les célèbres statuaires Caïetan Monti, de Ravenne, et le chevalier Benoît Caccaitori.

En entrant dans la nef qui fait le tour derrière le chœur, on voit une inscription sur une plaque de marbre noir ; elle est consacrée au souvenir de Jean Pierre Carcano, Milanais, qui légua à la cathédrale la somme de deux cent trente mille écus d'or pour la construction de la façade. Cette inscription est ainsi conçue :

ERIGENDÆ
TEMPLI HVIVS FRONTI
ATQVE ORNANDÆ
JO. PETRVS CARCANIS
MEDIOLANENSIS
CCXXX AVREORVM MILLIA
LEGAVIT
FABRICÆ CVRATORES
PIO ET MVNIFICO VIRO
EX TESTAMENTO
P. P.

A deux pas de ce monument, on parvient à la porte de la sacristie méridionale ; elle est enrichie d'ornements très-beaux en style gothique, et contient une foule d'objets très-précieux par leur antiquité et par le fini et la beauté de leur travail.

A droite de la sacristie, on voit une très-bonne statue de la Vierge du Secours, et au-dessus, une autre statue, celle du pape Martin V, qui fut sculptée par ordre du duc Philippe-Marie Visconti. Il y a une longue inscription que je crois inutile de transcrire, et au haut de celle-ci, une autre qui rappelle les noms et les prouesses des deux capitaines, Nicolas et François Picernino, père et fils.

Plus loin, nous voyons un beau monument en marbre noir ; c'est le tombeau du cardinal Marino Caracciolo, gouverneur de Milan, par Augustin Busti. La statue du cardinal, ainsi que celles qui l'entourent, sont en marbre blanc et d'un fort bon style. Sur la base de l'urne sépulcrale nous lisons cette inscription :

MARINO CARACCIOLO NEAPOL. ILLVSTRI GENERE ORTO
QVI PLVRIMIS PRO PONT. CAESS. Q. FRVNCTVS EST LEGAT. PRIMAM
CAROLO V. IMP AD AQVAS GRANI CORONAM IMPOSVIT
ANGLOS E CONIVNXIT ET VENETOS AC DEMVM A PAVLO III
P. M. IN. CARDINALIVM COOPTATVS ORDINEM DVM
PROVINCIAM MEDIOLAN. AB EODEM CAROLO SIBI
CREDITAM REGERET IMPORTVNA MORTE MAXIMA
CVM REIP. CHRISTIANÆ JACTVRA SVBLATVS
EST V CAL. FEBR. MDXXXVIII ANNO NATVS LXIX.
JO. BAPTISTA FRATRI OPT°.

Près de ce tombeau se trouve un disque de marbre blanc à huit rayons, on l'appelle :

CHRISMA S AMBROSII.

Rien de plus grandiose et de plus magnifique que les trois grandes croisées qui sont derrière le chœur; sur leurs côtés, il a y des statues et des ornements d'une beauté et d'une harmonie qui enchantent. Les vitraux peints sont d'un effet magique et représentent des sujets tirés de l'Ancien et du Nouveau Testament.

Au-dessous de la fenêtre du milieu, on a posé une longue inscription rappelant la consécration du temple par saint Charles Borromée.

Aux deux côtés de celle-ci, on a gravé sur des plaques de marbre une longue liste des reliques et des corps des saints renfermés dans le temple.

En poursuivant nos investigations, nous remarquons une châsse contenant l'effigie du Sauveur sur sa croix ; puis un monument que la fabrique de l'église a fait ériger à la mémoire du célèbre peintre sur verre, J. Bertini, dont j'ai déjà cité le nom plusieurs fois.

Nous arrivons ensuite devant un tombeau de marbre rouge soutenu par deux colonnes. Il renferme les cendres d'Othon et de Jean Visconti, l'un archevêque et l'autre duc de Milan. Deux longues inscriptions y sont gravées.

Au-dessus est placée la statue de Pie IV en habits pontificaux, il est assis. C'est un très-bel ouvrage d'Ange Siciliano.

Vient ensuite la porte de la sacristie septentrionale, également en style gothique et chargée d'ornements en marbre. A côté se trouve le tombeau de trois archevêques de la famille Arcimboldi.

La chapelle qui suit est dédiée à sainte Thècle. Sur un bas-relief sculpté par Charles Beretta, nous voyons la sainte parmi les lions. Aux côtés latéraux, il y a les deux statues de saint Étienne et de saint Paul ; elles sont de Labus et Monti de Ravenne, deux artistes fort estimés.

Dans la chapelle voisine se trouve un bas-relief d'une riche et heureuse composition ; il est d'Antoine Preslinari et représente Jésus-Christ sur la croix, ainsi que la Vierge, sainte Madeleine, saint Jean, saint Charles et sainte Praxède.

Plus loin est une inscription rappelant que le sculpteur François Brambilla travailla pendant quarante ans pour la cathédrale.

Nous entrons dans la chapelle dédiée à la Vierge, et connue sous le nom de *Madona dell' arbaro*, à cause d'un magnifique candélabre en bronze qui s'élève à l'entrée. Ce candélabre, enjolivé par de charmantes figurines et des pierreries, a été donné à l'église par le chanoine Jean-Baptiste Trivulzeo, archiprêtre de la cathédrale. Sur la base, nous lisons ces deux inscriptions :

JO. BAPT.	PRAEFECTI
TRIVVLTIVS	FABRICAE
HV. ECCL.	PERFECER
ARCHIPBR.	ET. HIC. PO.
D. D.	VIII APRIL.
	MDLXII.

Cette chapelle est riche en bas-reliefs d'un grand mérite, représentant des sujets tirés de la vie de la Vierge, sculptés par d'excellents artistes, tels que Silvius Cossini et Marc d'Agrate.

Sur la voûte, nous voyons une multitude d'anges et de saints, exécutés en ronde-bosse.

Deux statues représentent la Vierge et l'ange Gabriel, elles sont l'œuvre de Denis Bussola.

Les statues qui décorent l'autel sont fort belles, et le buste de la Vierge, posé dans une niche, est d'Élie-Vincent Buzzi.

Sur les dalles on voit des pierres sépulcrales, sous lesquelles sont ensevelis six cardinaux-archevêques de Milan.

Nous visitons la chapelle consacrée à sainte Catherine de Sienne. L'autel, en marbre blanc de style gothique, est orné d'une quantité de figurines, presque toutes remarquables par leur dessin et leur fini.

De chaque côté de l'autel, il y a une statue : l'une de saint Jérôme et l'autre d'un archevêque dont on ne put nous dire le nom.

A gauche est un tombeau en marbre blanc, consacré à la mémoire de Philippe Archinti, archevêque de Milan ; une inscription est gravée sur le socle.

Nous voyons une autre inscription sur une plaque de marbre, entre les piédestaux des colonnes, et sur les dalles une troisième, qui indique la tombe de Joseph Priscae, qui fut archevêque de Milan.

Dans la chapelle Saint-Ambroise, nous remarquons le tableau qui représente ce saint donnant l'absolution à Théodose. C'est une magnifique page, due au pinceau du célèbre Frédéric Baroccio.

Dans la chapelle Saint-Joseph, le fameux peintre Zuccaro a mis un tableau représentant le mariage de la Vierge. Aux deux côtés de l'autel se dressent les statues des prophètes David et Aaron, œuvres de Labus et Somasni.

En poursuivant notre visite, nous voyons une châsse dans laquelle est un crucifix en bois, qu'on garde soigneusement ; c'est celui même que saint Charles porta processionnellement, nu-pieds, en 1576, au temps de la peste ; ce que rappelle l'inscription suivante, gravée au-dessus de la châsse :

CRVCEM. HANC. S. CAROLVS. CRASSANTE
LVE. ER. VRBEM. CIRCVMPTVLIT. MDLXXVI.

A côté de cette châsse sont des statues : sainte Marie et sainte Marthe, par Cacciatorie et Monti de Ravenne. Deux cardinaux et archevêques de Milan, Alphonse Litta et Benoît Erba Odescalchi, ont leur tombeau sur le devant de la chapelle suivante, dans laquelle on voit un autel en bois doré, surmonté d'une statue en bois représentant la Vierge.

Nous distinguons, plus loin, un monument orné de deux petites colonnes en marbre blanc, sur lesquelles sont posées deux statues, l'une de saint

Jean l'évangéliste, et l'autre de saint Jean-Baptiste, par le célèbre Caïetan Monti de Ravenne; sur la base du monument est un bas-relief retraçant la vie de la Vierge ; c'est l'œuvre de Marchesi Pompée. Puis viennent huit bas-reliefs en marbre blanc de Vérone, représentant huit des apôtres de Jésus-Christ, lesquels ont été trouvés enfouis sous les fondations des maisons qu'on a démolies derrière le dôme, ainsi qu'une Vierge ayant le divin Sauveur sur ses genoux.

Nous arrivons au baptistère : quatre colonnes en marbre, d'ordre corinthien, exhaussées par des socles et dont les chapiteaux en bronze soutiennent les corniches ; au milieu, il y a un précieux bassin de porphyre : on dit que ce bassin a servi de tombeau à des saints.

Nous venions de faire le tour de l'église, il ne nous restait plus qu'à visiter le chœur ; le comte nous y conduisit.

Au-devant des marches qui conduisent au chœur, il y a sur les dalles une large ouverture, couverte par une grille dorée et entourée d'une balustrade en bronze, dont le dessin est du peintre Charles Ferrario, et le travail exécuté dans la fonderie de Manfredini.

Cette ouverture a été pratiquée pour donner passage au jour et surtout à l'air, si nécessaire à la chapelle souterraine de Saint-Charles Borromée.

Avant de monter au chœur, nous examinons les deux chaires qui sont adossées aux piliers qui soutiennent le dôme de l'église ; elles sont entièrement recouvertes de lames de cuivre dorées et argentées, et ornées de bas-reliefs d'un goût exquis. Elles furent commencées sous saint Charles et achevées par les soins du cardinal Frédéric Borromée ; ces chaires et les grandes cariatides qui les soutiennent sont l'œuvre d'artistes de premier ordre.

Les quatre demi-figures de droite nous représentent les quatre docteurs de l'Église, et celles de gauche les quatre évangélistes ; ces cariatides sont l'œuvre de Jean-Baptiste Rusca et de Frambilla.

Au-dessus de l'entrée du chœur, on voit un architrave posé sur deux consoles, soutenues par deux grandes statues de prophètes.

Sur l'architrave est placé un crucifix d'immense grandeur, ayant à ses côtés la Vierge, saint Jean et deux anges agenouillés ; ces figures ont été faites par Santo Borbetta.

Au haut de la voûte, peinte en arabesque, d'un style gothique, avec un fond en or, on voit le SAINT CLOU dans un reliquaire à rayons de cuivre doré.

On remarque suspendu à la voûte un candélabre d'une construction singulière et d'un goût très-antique, destiné à recevoir le cierge béni qu'on allume pendant le temps pascal.

Le chœur est partagé en deux parties : l'une est plus élevée que l'autre ; on arrive à la première par cinq marches, au haut desquelles il y a une balustrade en marbre ; l'autre partie, dite le presbytère, est séparée du reste du chœur par une autre balustrade exhaussée par six gradins.

Les statues en bois de noyer disposées autour du chœur sont admirablement sculptées et ciselées avec un goût exquis, par d'excellents artistes.

Le magnifique autel placé dans le presbytère est surmonté par une espèce de petit temple de forme circulaire en bronze doré ; huit colonnes cannelées soutiennent un petit dôme orné de huit statuettes d'anges portant les symboles de la passion ; le tout est surmonté par un groupe représentant la résurrection de Jésus-Christ.

On monte par des marches, placées derrière ce petit temple, au centre duquel il y a quatre anges agenouillés, qui soutiennent le tabernacle en bronze doré ; il est de forme ronde, et sa base est embellie par des bas-reliefs.

On y voit douze colonnettes cannelées, sur lesquelles sont autant de statues représentant les apôtres ; et, au sommet, il y a celle du Rédempteur.

Autour du tabernacle, qui fut donné à l'église par le pape Pie IV et qui a été fait à Rome, se trouve l'inscription suivante :

PIVS IIII PONTIFEX OPTIMVS MAXIMVS

et au-dessus, on peut lire les noms des artistes qui y ont travaillé :

AVRELIVS HIERONYMVS ET LVD.
FRED. LOMBARDI SOLARI F.

Sur chaque côté de l'autel, il y a un ange en bronze modelé et fondu par Jean-Baptiste Rusca.

Au milieu des deux premiers entre-colonnes du chœur, il y a deux belles orgues, à côté desquelles sont deux grandes colonnes ornées de petites colonnettes, de figures et d'enjolivures de fort bon goût et très-bien sculptées.

Les orgues sont à deux faces. Les tribunes donnant sur le chœur sont en bois doré, et celles sur la nef sont en marbre de Carrare, d'un admirable travail. Les tableaux qui forment les battants des orgues sont de Camille Procuccini et d'Ambroise Figini.

L'extérieur du chœur est orné par dix-sept bas-reliefs en marbre de Carrare, qui tous sont d'un véritable mérite par la composition, le dessin l'élégance et le fini du travail, ils représentent :

1° La Nativité de la Vierge, par André Biffi ;

2° La Présentation au temple, par le même ;

3° Le Mariage de la Vierge, par Prestinari ;

4° L'Annonciation, par Biffi ;

5° La Visitation, par le même ;

6° Le Songe de saint Joseph, par Prestinari ;

7° La Nativité de Jésus-Christ, par Jean Bellandi ;

8° La Circoncision, par Biffi ;

9° La Fuite en Égypte, par le même ;

10° Jésus parmi les docteurs, par le même ;
11° Le Crucifiement, par Vismara et Lasagni ;
12° Les Noces de Cana, par Bellandi ;
13° La Descente de la Croix, par Bellandi ;
14° L'Apparition de Jésus à ses apôtres, par Lasagni ;
15° La Mort de la Vierge, par Biffi ;
16° L'Assomption de la Vierge, par le même ;
17° Le Couronnement de la Vierge, par Vismara.

Sur quelques-uns de ces bas-reliefs, on voit des symboles sculptés avec beaucoup de goût. On remarque aussi la variété et la grâce avec lesquelles ont été exécutées les trente-deux figures d'anges qui séparent les bas-reliefs.

Il ne nous reste plus qu'à visiter les chapelles souterraines ; sur l'invitation du comte, nous y descendons.

L'on y entre par deux portes grillées placées presqu'en face des deux sacristies. La première chapelle, qu'on nomme le *Scurolo*, est d'une forme ronde et a été construite d'après un dessin de Pelligrini ; huit colonnes de marbre en soutiennent la voûte ; au milieu est un autel entouré d'une balustrade d'un dessin très-bizarre. Après avoir descendu neuf marches, on entre dans la seconde chapelle, dite *de Saint-Charles Borromée*, dans laquelle on voit un très-beau cercueil en argent, enrichi de pierreries, avec des glaces en cristal de roche, dans lequel repose le corps du saint archevêque, paré de ses ornements pontificaux. Cette chapelle est embellie par des bas-reliefs en argent, retraçant des épisodes de la vie de ce saint.

Entre huit cariatides, également en argent, est une tapisserie en damas cramoisi richement brodé d'or ; elle sort de la fabrique Reina, et fut exécutée d'après le dessin de Caïetan Vaccani, peintre décorateur. Tous les objets et ornements précieux contenus dans cette chapelle sont évalués à près de quatre millions de francs.

Nous remontons et nous visitons la sacristie, où l'on conserve religieusement le *grand trésor*, consistant en deux statues colossales, l'une de saint Charles, l'autre de saint Ambroise, vêtus pontificalement; elles sont tout en argent, et enrichies d'une masse de pierreries.

Des bustes, des porte-reliques, des calices en or et en argent massif; une paix d'un prix immense, ciselée par le fameux Benvenuto Cellini; d'autres objets très-précieux, tant par la valeur du métal qui les compose que par le travail qu'ils ont coûté et par leur haute antiquité, sont rassemblés dans ce lieu.

Il y a aussi une quantité considérable d'ornements sacerdotaux, brochés et brodés d'or et d'argent. Le dernier objet que nous examinons est un pallium magnifique, et le comte nous apprend qu'en 1831, le comte Taverna, chanoine ordinaire de la cathédrale, offrit à cette église ce pallium, tout en argent, du poids de cent onze kilogrammes, et qui a été fait par l'orfévre Jean-Baptiste Sala, de Milan.

Nous rentrons au palais du comte B...; il est six heures, nous passons dans la salle à manger servie magnifiquement, et où nous attend un repas auquel les hôtels italiens ne nous ont pas habitués. Le lecteur pourra en juger en examinant le menu suivant, qui se trouvait imprimé en or sur papier glacé, à la place de chaque convive.

MENU

Potages. — Soupe Caneff, purée à la reine.
Entrées. — Hatelettes de riz de veau garnis. — Poisson de mer à la hollandaise. — Poulet à la Marengo. — Blancs de volaille aux truffes du Périgord.
PUNCH A LA ROMAINE.
Rôti. — Dindon à la broche. — Salade à la russe.
Légumes. — Asperges au beurre frais. — Petits pois à l'anglaise.
Entremets. — Plumpuding à la parisienne. — Gelée à la napolitaine.
Dessert. — Fruits, ananas, etc.

VINS

Madère.
Beaune. — Pomard. — Côte-Rôtie.
Bordeaux, retour de l'Inde.

Champagne Cliquot.
Lacryma Christi.
Café. — Liqueurs des Iles.

Tognoli, imp. lith. Milan, strada Vercelli.

Il faut dire que nous n'étions pas les seuls convives du comte : plusieurs officiers de l'armée alliée étaient invités, ainsi que quelques membres influents de l'aristocratie milanaise.

On se met à table ; la comtesse préside le repas ; Léon est à sa droite, un colonel piémontais est à sa gauche. Pendant les premiers moments, la conversation languit : les estomacs ont besoin, les bouches fonctionnent ; c'est à l'apparition du poulet à la Marengo que les voix commencent à se faire entendre ; dans les circonstances actuelles, c'est un plat national.

— Merci, monsieur le comte, de cette attention, s'écrie un brave commandant de nos compatriotes, en voyant servir ce mets décoré de ses rouges écrevisses et doré comme une châsse.

— Nous ne pouvons mieux fêter la défaite de nos ennemis, répond un capitaine piémontais.

— Une seule chose m'embarrasse, dit Ernest ; pourquoi appele-t-on ce plat un poulet à la Marengo ?

— Pourquoi ! fit le commandant, vous l'ignorez ?

— Je l'ignore.

— Nous l'ignorons, hasardèrent plusieurs voix.

— Eh bien ! voici pourquoi. Le soir de la bataille de Marengo, Bonaparte avait une faim de vainqueur. Vite ! un poulet pour le héros ! S'il est gras, tant mieux ; s'il est tendre, mieux encore.

La volaille espérée se trouva, et presque irréprochable ; mais il fallait du beurre, et l'on ne put malheureusement, malgré mille recherches dans tout le pays, s'en procurer gros comme une noisette.

L'huile, en revanche, ne manquait pas, et quelle huile ! dans ce pays des oliviers. Le cuisinier consulaire en remplit le fond de sa casserole, plaça son poulet sur cette couche onctueuse, le releva d'une pointe d'ail écrasé, le saupoudra d'une légère pincée de mignonnette, l'arrosa d'un peu de vin blanc, le meilleur du pays ; l'entoura de croûtes, de champignons et de morilles en guise de truffes, et servit chaud. C'était, dans cette journée de victoire, une conquête de plus. Bonaparte y applaudit de tout son appétit, et le plat fut baptisé du nom de Marengo ; depuis, nos cuisiniers parisiens ont apporté des perfectionnements, ils ont ajouté des écrevisses, des truffes, etc.

— Merci, commandant, dit Ernest.

La conversation fut bientôt ramenée sur le sujet qui préoccupait tous les assistants : la guerre, avec toutes ses péripéties, en fit les frais ; chacun des acteurs des grandes journées qui venaient de s'écouler racontait les luttes auxquelles il avait assisté et celles dont il avait été témoin. Les uns rappelaient l'enthousiasme de leurs soldats, d'autres égayaient l'assemblée par le récit d'anecdotes qui toutes avaient trait à la vie en campagne.

— A Magenta, disait un capitaine des zouaves, au plus fort de la mêlée, nous étions l'arme au bras, attendant l'ordre de marcher ; un détachement de volontaires lombards nous accompagnait. Il faisait une chaleur excessive, j'entendis près de moi le colloque suivant :

— Quel soleil ! disait un volontaire à un zouave ; il va bien vous incommoder, vous autres Français ; les Autrichiens avaient toutes les peines du monde à le supporter.

— Peuh ! répondit le zouave, un vrai soleil de pacotille que votre soleil d'Italie ! A la bonne heure celui d'Afrique !

— Il est donc bien plus chaud qu'ici ?

— Je le crois bien, reprit le zouave ; si les ennemis étaient grillés ici, en Afrique ils auraient fondu.

Un lieutenant prit la parole :

— Pendant l'affaire, un de mes vieux soldats se battait en désespéré ; il se jetait au plus fort de la mêlée, renversant tout ce qu'il rencontrait, frappant de la baïonnette et frappant de la crosse. Mais, chose étrange ! à peine avait-il abattu un ennemi qu'il se baissait, disparaissait ainsi pour quelques minutes, puis il se relevait et continuait de frapper de plus belle.

La bataille terminée, surpris de le voir encore vivant après ces exercices de haute témérité, je m'approchai de lui :

— Ah çà ! lui dis-je, qu'avais-tu donc tout à l'heure?

— Excusez, mon lieutenant, mais c'est une drôle d'histoire, voyez-vous, rapport à mon soulier, sauf votre respect.

— Comment! ton soulier?

— Oui, mon lieutenant. D'ailleurs je puis bien vous le dire : imaginez-vous qu'en traversant ce diable de marais, qui est à droite là-bas, voilà ma jambe qui s'enfonce, je croyais ne plus pouvoir la retirer. Dame ! les balles sifflaient!

— Et comment t'y es-tu pris?

— Oh! soyez tranquille. Je fais un effort, je vois ma jambe ; mais mon coquin de soulier reste dans le trou bourbeux; impossible d'avoir de ses nouvelles. Un pied chaussé, l'autre nu, vous comprenez ; c'était gênant pour courir !

— Oui, je l'avoue.

— J'avais presque envie de me déchausser de l'autre pied pour ne pas faire de jaloux. Mais, bêta que tu es, que je me dis, garde donc ton soulier! Le premier ennemi que tu rencontreras se fera un plaisir de t'offrir un des siens.

— Excellente idée. Et l'on t'en a offert un?

— Vous allez voir, mon lieutenant. Le premier que je trouve, c'était un blessé; je me dis : Ce serait un péché de lui prendre sa chaussure à cet homme. Tâchons de voir à un autre! Comme je disais ça, je vois un grand gaillard qui m'ajuste, je le laisse faire ; il me manque, je cours à lui, v'lan ! Quand il est par terre, je me baisse, je veux mettre un de ses souliers, impossible. Je me dis : c'est un peu étroit, vu que je n'avais pas de corne, sauf votre respect, mon lieutenant. Je cours à un autre, v'lan! J'essaye, trop étroit. Un troisième, un quatrième, toujours trop étroit ou trop court. J'en ai essayé dix-huit. Si ce n'est pas à faire rager!

Des hommes de cinq pieds six pouces! Je n'ai pourtant pas le pied grand.

— Il est probable, dit Ernest, que ce jour-là les ennemis étaient dans leurs petits souliers.

En ce moment on servait le dessert, le comte nous dit :

— Vous allez, messieurs, goûter mon lacryma Christi.

Et il emplit les verres en mousseline. Tout le monde se leva, et le commandant s'écria :

— A la délivrance de l'Italie!

Les verres se choquèrent, et le comte, prenant une bouteille de champagne, la déboucha et dit à voix haute :

— Messieurs! je vais vous faire raison avec du vin de France! A la gloire de l'armée française! à celle de nos chevaleresques voisins les Piémontais! à vous tous, qui avez quitté patrie, famille, foyer pour affranchir notre beau pays.

L'émotion était à son comble : on but, et on se serra les mains, puis on passa dans un salon où le café était servi.

Les fenêtres ouvertes sur les jardins du palais nous apportaient les senteurs parfumées des orangers; la lune, presque dans son plein, inondait de ses pâles rayons les arbres verts et les blanches fleurs, au loin le dôme brillait avec ses mille aiguilles, comme un immense stalactite.

La comtesse, de sa gracieuse main, offrit à chacun une tasse de café; des groupes se formèrent çà et là. Pendant ce temps le comte se rapprocha de nous.

— Vous savez, messieurs, que nous avons une visite à faire ce soir.

— Nous nous le rappelons parfaitement, monsieur le comte, mais nous pensions qu'à cause de votre société...

— Je vais demander une heure de congé, messieurs, et pendant ce temps, nous irons voir notre chanoine.

— Comme il vous plaira, monsieur le comte.

Dix minutes après, nous nous acheminions, au milieu d'une foule compacte, vers la demeure du saint homme.

Nous arrivons. La maison est presque à l'extrémité de la ville, maison solitaire, et cependant nous remarquons des lumières à toutes les fenêtres ; des groupes de soldats français et piémontais sont à la porte. Nous entrons, une grande animation règne dans ce lieu, d'ordinaire si tranquille ; des femmes aux mains blanches vont et viennent dans les corridors ; personne ne peut nous répondre. Nous pénétrons dans les appartements, ils sont remplis de blessés couchés sur des matelas et soignés par toutes ces belles Italiennes, qui vont de lit en lit, pansant les blessures et prodiguant les consolations.

Quel spectacle ! Près d'un zouave repose un colonel autrichien ; un Bersaglieri a pour voisin un Croate ; Français, Piémontais, Autrichiens sont pêle-mêle, les amis près des ennemis, les vainqueurs côte à côte avec les vaincus.

Bientôt paraît le maître du lieu, suivi de dames et de domestiques ; l'un de ceux-ci porte un plateau chargé et verres, au milieu desquels on voit une bouteille du fameux lacryma.

Il s'approche de chaque lit, parle italien aux Piémontais, allemand aux Autrichiens, français à nos compatriotes, et du même ton dont le divin Maître disait à ses apôtres :

— Prenez et buvez, car ceci est mon sang.

Il dit :

— Prenez et buvez, car ceci est la vie.

Et chacun accepte de la main du bon prêtre, mais la bouteille s'épuise et bientôt la provision est consommée, c'est alors que le comte s'approche.

— Monsieur le chanoine, dit-il, votre cordial n'est pas aussi immense que votre charité ; permettez-moi de concourir à votre bonne œuvre en vous offrant quelques bouteilles de ce vin généreux. Piétro, ajouta-t-il à un de ses domestiques qui nous a suivis, posez ici le panier que vous avez apporté.

Piétro obéit, et le chanoine remercie le comte en lui prenant les mains.

— Demain, monsieur le chanoine, reprend le comte, vous recevrez vingt paniers comme celui-ci, ainsi ne l'épargnez pas ; et quand vous n'en aurez plus, ma cave vous est ouverte.

— Merci, monsieur le comte; encore une fois, merci.

— Oh! ne vous hâtez pas de me remercier, dit notre hôte en souriant; le petit service que je vous rends est un peu intéressé.

— Comment cela ?

— Oui, j'ai besoin de votre aide, monsieur, pour obtenir une faveur.

— Qu'à cela ne tienne, monsieur le comte : quelle est-elle?

— Vous allez le savoir.

Le comte explique alors au vénérable prêtre ce que nous désirons.

— N'est-ce que cela, messieurs? Venez demain matin me prendre ici, et je vous placerai moi-même.

Nous nous confondons en remerciments et nous laissons ce digne apôtre à ses divines fonctions.

Nous parcourons les salles, nous approchant des lits, serrant les mains, quelquefois, hélas! la main de nos compatriotes. Les blessés causent entre eux ; nous entendons la conversation suivante, qui se tient entre un zouave alsacien et un Autrichien son voisin :

LE ZOUAVE. — Vous devez être vexé d'avoir été blessé.

L'AUTRICHIEN. — Ça m'est égal!

LE ZOUAVE. — Tiens, c'est drôle! moi, ça m'em... nuierait. Enfin, chacun son goût. De cette façon, vous allez voir la France?

L'AUTRICHIEN. — Ça m'est égal!

LE ZOUAVE. — Oh! rassurez-vous, vous serez parfaitement traité.

L'AUTRICHIEN. — Ça m'est égal!

Le zouave (*avec sentiment*). — D'ailleurs, vous serez probablement bientôt échangé et vous retournerez rejoindre votre régiment.

L'Autrichien. — C'est bien ce qui me fait de la peine.

Pauvres gens ! ils sont presque contents d'être nos prisonniers, car ils sont bien traités.

Plus loin, un jeune fourrier à qui l'on vient d'amputer le bras raconte ceci à un capitaine couché près de lui :

— Avant d'être blessé, j'ai été assez heureux pour mettre la main sur un bambin de dix-sept ans, sous-lieutenant, qui se battait comme un tigre. Un caporal allait lui larder les côtes, j'ai relevé le fusil d'un coup de crosse, et j'ai pris le bonhomme au collet pour lui éviter d'autres désagréments.

— Rends-toi, moutard ! lui criai-je.

Il me tendit son épée.

C'était un cadet de famille, blond, grêle, insolent ; je lui ai sauvé la vie, il ne m'a pas seulement remercié.

Un quart d'heure après, un de ses camarades me cassait le bras d'une balle.

Nous quittons la demeure du chanoine et nous rentrons chez le comte, où nous retrouvons la société, toujours causant et augmentée de plusieurs personnes de l'aristocratie milanaise.

La soirée se prolonge, et vers minuit nous regagnons nos chambres, où nous ne tardons pas à nous endormir.

IX

MILAN

SUITE.

Le *Te Deum* de Magenta. — Physionomie de Milan. — Les rues. — La cathédrale. — Le clergé. — Arrivée des souverains. — Nous voyons Victor-Emmanuel. — La cérémonie. — Nous voulons quitter le comte. — Il s'y oppose. — Nous restons. — Nous continuons nos visites. — L'église Saint-Charles-Borromée. — Saint-Alexandre. — La couronne de fer. — Mot de Napoléon Ier. — Le tombeau de saint Ambroise. — Le paleotto. — Saint-Nazaire. — Tombeau de J.-J. Trivulce, maréchal de France. — Singulière épitaphe. — Saint-Laurent. — Les Seize Colonnes. — Santa-Maria delle Grazie. — Un couvent devenu caserne. — *La Cène* de Léonard de Vinci. — Ses tribulations. — Comme quoi des dominicains coupèrent les jambes au Sauveur. — Les dragons français tirant les apôtres à la cible. — Le Palazzo Reale. — Le salon des Cariatides. — Napoléon à cheval sur un aigle. — Le palais de la villa Reale. — Le palais de l'Archevêché. — La bibliothèque Ambrosienne. — Un manuscrit âgé de onze siècles. — Le Bréra. — Les peintures des grands maîtres. — Les théâtres. — La Scala. — On n'écoute pas les opéras, mais on regarde les ballets. — La Canobiana. — L'Hôpital militaire. — L'hospice Trivulzi. — L'institution des Sourds-Muets. — Nous examinons les élèves. — La pantomime. — Ses ressources immenses. — L'abbé de l'Épée. — Nous sommes fiers d'être Français. — Nous avons fini de voir Milan. — Nous nous séparons du comte et de la comtesse. — Nos regrets. — Nous prenons la route de Pavie.

Le lendemain, nous sommes réveillés par le bruit des cloches de toutes les églises, sonnant à grande volée ; nous nous hâtons de descendre. Le comte est déjà prêt, ainsi que la comtesse. Nous faisons un léger repas, nous montons en voiture et nous partons.

La foule se presse dans les rues que doit parcourir le cortége ; la garde impériale forme la haie sur le chemin que doivent parcourir les deux souverains ; le pavé est jonché de fleurs ; les fenêtres sont garnies de spectateurs et les maisons pavoisées de drapeaux français et italiens.

Nous nous rendons chez le chanoine. Il quitte ses vêtements d'infirmier, monte en voiture, et nous arrivons au Dôme.

Grâce à notre conducteur, nous pénétrons dans l'église, où bientôt nous trouvons des places près du chœur.

La municipalité de Milan se tient à l'entrée de l'église ; un dais de velours rouge, tombant de la coupole, abrite les deux prie-Dieu où doivent se placer les souverains ; une multitude d'officiers supérieurs de toutes armes, de dames milanaises, garnissent la nef ; les bas-côtés et les chapelles latérales sont remplis de peuple et de soldats alliés.

Tout à coup les trompettes sonnent, les tambours battent aux champs, le canon gronde, le cortége approche.

Le vénérable archevêque de Milan, vêtu de ses habits pontificaux, entouré de son chapitre, s'avance vers le seuil de la cathédrale, suivi de la municipalité ; les souverains descendent de cheval, l'archevêque les harangue ; ils se placent sous le dais et font leur entrée dans l'église.

Les orgues lancent dans le vaste vaisseau une marche triomphale, malgré le respect du saint lieu, l'enthousiasme éclate, les cris mille fois répétés de *Vive l'Empereur ! Vive le Roi !* se font entendre. Leurs Majestés arrivent à la place qui leur est réservée, la cérémonie commence.

Je puis alors examiner à mon aise la figure de Victor-Emmanuel. Je n'entreprendrai pas de faire ici le portrait du roi de Sardaigne, cette figure historique, type admirable du courage chevaleresque, est connue de tous ; on comprend l'homme en le voyant.

Le *Te Deum* achevé, le cortége se retire avec le même cérémonial ; les cris se font entendre de nouveau. Nous suivons la foule, et nous voyons les souverains s'éloigner accompagnés par les acclamations d'un peuple en délire, et couverts de fleurs, qu'on leur jette pendant cette marche triomphale.

Nous rentrons au palais et nous nous préparons à prendre congé de notre hôte, mais il nous retient.

— Il y a ce soir concert à la Scala, il faut que vous y assistiez, nous dit-il, ce sera pour vous une occasion de voir ce théâtre, qui est le plus beau du monde ; puis vous avez encore à visiter plusieurs monuments : la citadelle.... Je vous servirai de cicerone.

Nous nous défendons, mais inutilement; il nous faut accepter.

Nous continuons nos pérégrinations dans la ville, toujours guidés par le comte. Nous visitons l'église de Saint-Charles-Borromée (*San-Carlo-Borromeo*), qui fut construite après la première apparition du choléra. Elle est en forme de rotonde; mais sa coupole, trop écrasée, lui donne un mauvais aspect.

Nous admirons, dans l'église de Saint-Alexandre, une grande quantité de lapis-lazuli, d'agates orientales, de jaspes sanguins et autres pierres précieuses dont le maître-autel est revêtu. Cette église, quoique d'une riche architecture, est ornée avec un goût détestable.

L'église Saint-Ambroise est célèbre par son ancienneté : c'est là qu'autrefois les empereurs recevaient la couronne de fer; c'est là que Napoléon la posa sur sa tête en s'écriant : *Gare à qui la touche!*

Nous visitons le tombeau de saint Ambroise, qui est dans la crypte de l'église; puis, nous nous arrêtons devant une chaire de marbre supportée par huit arceaux, et qui est un curieux monument du douzième siècle.

Nous sommes obligés de payer 5 francs à un cicerone de l'église pour voir le fameux *paleotto*, au-devant du maître-autel. Il est en or; c'est un admirable travail d'orfévrerie du neuvième siècle.

On nous dit que c'est dans cette église que saint Augustin abjura ses erreurs, et que saint Ambroise parla aux habitants de Milan.

Dans l'église de Saint-Nazaire, nous lisons cette épitaphe singulière de J.-J. Trivulce, qui fut maréchal de France :

QVI NVMQVAM QVIEVIT QVIESCIT, TACE.
Silence! ici repose celui qui ne se reposa jamais!

Saint-Laurent, que nous visitons ensuite, est une église dont l'architecture est aussi hardie que singulière. Sa forme est octogone ; quatre côtés disposés en portions de cercle ont dans leur enfoncement deux rangs de colonnes l'un sur l'autre, qui servent de galeries tournantes ; les quatre autres côtés, qui sont en ligne droite, n'ont qu'un seul ordre de colonnes, et ces colonnes, qui ont une double hauteur, soutiennent le dôme : tout cela forme un ensemble assez frappant.

Près de cette église, nous voyons les Seize-Colonnes, monument antique qui existe encore dans Milan, malgré les ravages du temps et les catastrophes que cette ville a éprouvées. On suppose que ces seize colonnes, précieux restes de la splendeur de la ville dans les beaux temps de l'empire romain, faisaient partie des Thermes d'Hercule, construits par Maximien surnommé l'Hercule, collègue de Dioclétien. Il n'existe, pas même dans Rome, d'édifice antique ayant un pareil nombre de colonnes rangées sur la même ligne.

Près de la porte Vercellina, nous trouvons l'église *Santa-Maria delle Grazie*, bâtie en 1643, et contenant des fresques dégradées de G. Ferrari.

Un couvent attenait jadis à cette église ; aujourd'hui, le couvent est devenu caserne : là où passaient et repassaient des moines passent et repassent des soldats ; le calme du recueillement et de la prière a fait place au tumulte du camp, au bruit des armes ; les pieux cantiques qui faisaient résonner les larges voûtes sont remplacés par des chants tantôt libres, tantôt guerriers.

Nous visitons cependant cette caserne, et là, dans l'ancien réfectoire des moines, nous avons le bonheur de voir les précieux restes de *la Cène*, de Léonard de Vinci.

Tous nos lecteurs connaissent ce chef-d'œuvre; la gravure et la sculpture l'ont reproduit, en recomposant les nombreuses altérations qu'il a subies depuis 1480.

Léonard de Vinci mit six ans à exécuter cette fresque, qui lui fut commandée par Louis le More. Cinquante ans à peine s'étaient écoulés, que la peinture tombait en écailles, et Armenini, en 1540, la représente comme à demi effacée. L'humidité du réfectoire, à la suite de pluies qui y avaient pénétré en 1500, avait accéléré cette détérioration, et le voisinage de la cuisine contribuait à l'enfumer. En 1652, les pères dominicains coupèrent les jambes au Sauveur et aux apôtres voisins, pour agrandir la porte d'entrée de leur réfectoire! Ils méritaient certes le nom de pères vandales. En 1726, ils firent restaurer *la Cène* par un nommé Bellotto, peintre médiocre, qui eut l'audace de la repeindre en entier, à l'exception du ciel. En 1770, elle fut regrattée par un barbouilleur, Mazza, qui la repeignit encore en partie. En 1796, l'invasion française vint assumer sur elle tous ces outrages et ces sacriléges du temps des moines et des restaurateurs. Malgré un ordre de Bonaparte, signé sur ses genoux, pour exempter ce réfectoire de logement militaire, un général en fit une écurie, et l'histoire de dragons français, d'ailleurs peu orthodoxes à cette époque, lançant des projectiles à la tête des apôtres, en les tirant à la cible, fut mise en circulation. Après avoir été une écurie, le réfectoire devint un magasin à fourrage. Un beau jour, pour le mettre à l'abri des envahissements militaires, on prit le parti d'en murer la porte; mais en 1800, une inondation y mit un pied d'eau, qui s'en alla par évaporation. En 1801, sur les instances de Rossi, secrétaire de l'Académie, le réfectoire fut ouvert de nouveau. Enfin, en 1853, une dernière restauration a été tentée par M. Barozzi : au moyen d'un procédé particulier, il a fixé la fresque de Léonard, qui s'exfoliait de jour en jour, et il l'a restituée, autant qu'elle pouvait l'être. La salle qui la contient, et qui était dans un état d'abandon regrettable, a été également restaurée. En regard du chef-d'œuvre de Léonard de Vinci est un *Crucifiement*, par Montorfano, composition bizarre à cent personnages.

Après avoir longtemps contemplé ce chef-d'œuvre, qui a subi depuis quatre siècles tant de tribulations, nous rentrons en ville, et nous visitons le *Palazzo Reale*, ou Palais-Royal. Il est situé sur la place du Dôme, et fut bâti au quatorzième siècle par Azzo Visconti. Vers 1772, il fut restauré par Piermarini, qui lui donna une forme nouvelle, en renouvelant la façade principale. L'architecture du grand salon, les statues, les cariatides étaient admirées des connaisseurs ; mais comme on avait été obligé de travailler sur un vieil édifice, l'ensemble ne présentait pas cet aspect de magnificence qu'il a aujourd'hui. En effet, depuis quelques années, il a été singulièrement agrandi ; on y a construit de vastes écuries et un très-beau manége.

Nous examinons, dans le grand salon, les cariatides, qui sont l'œuvre de Calano, de Parme, puis les fresques d'Appiani, au milieu desquelles nous distinguons l'apothéose de Napoléon, représenté sous la figure de Jupiter monté sur un aigle.

Nous visitons à la hâte le palais de la *villa Reale*, près du jardin public. Il n'a de remarquable que les belles fresques de B. Luini, qu'on y a transportées.

Le palais de l'Archevêché, qui est au sud de l'église métropolitaine, attire aussi notre attention, il faisait autrefois partie du Palais-Royal. Au seizième siècle, saint Charles le fit reconstruire pour y loger les chanoines. Deux grandes salles, qui renferment une grande quantité de tableaux, sont ce qu'il offre de plus remarquable.

Le comte nous mène à la bibliothèque Ambrosienne. Cet établissement remarquable est l'ouvrage du cardinal Frédéric Borromée, qui fut archevêque de Milan et neveu de saint Charles. La bibliothèque proprement dite est composée de plus de deux cent mille volumes imprimés et de quinze mille manuscrits. Le plus célèbre de ceux-ci est celui des *Antiquités* de Josèphe, traduit par Ruffin ; c'est peut-être le plus singulier de tous ceux qui existent : il est écrit sur du papyrus d'Égypte, et paraît, suivant Mabillon, avoir onze siècles d'existence.

Le *Brera*, ou palais des Sciences et des Arts, est un des plus beaux édifices de Milan. Nous passons une journée entière à examiner les richesses artistiques qu'il contient.

Dans la première salle, nous remarquons les peintures de Gaudenzio ; dans la deuxième : Madeleine et le Sauveur, de Louis Carrache ; deux tableaux de saints, par Procacuno ; le Sauveur portant sa croix, par Daniel Crespi ; saint Sébastien, par Caravage ; le Sauveur et la Samaritaine, par Annibal Carrache ; Abraham et Agar, par Guerchin ; une Madone, le Sauveur et saint Joseph, par L'Albane ; une Tête de Christ, par Guerchin : une Madone, le Sauveur, saint Jean, et le patron de Bologne, par le même ; une Danse d'Amours, par l'Albane ; un Rubens, la Femme adultère, par Augustin Carrache ; l'Assomption de Marie, par Pâris Bordone ; l'Ascension du Sauveur, par Jules Romain ; la Nativité, du même : Saint Pierre et Saint Paul, par Le Guide.

Dans une autre salle, nous remarquons les Saints devant la croix, par Le Tintoret ; une Madone, le Sauveur et les Saints, par Salvoldi ; la Femme adultère, par Palme le Vieux ; le Sauveur mangeant avec les Pharisiens, par Paul Véronèse ; le Sauveur mort, par le Tintoret ; Saint François, par Palme le Jeune ; les Noces de Cana, par Paul Véronèse ; une Madone, le Sauveur et les Saints, par Jules Romain : le Sauveur, par Benvenuto Garafalo.

Dans une pièce voisine, le Portrait de Salomon, une Madone, de Pompée Bottoni ; Saint Jérôme, par Subleyras ; les Ames délivrées du Purgatoire, de Salvator Rosa ; des Paysages, du Poussin et de Salvator ; le Sauveur, Saint François, par Van Dyck, une Tête de Monk, par Velasquez ; une

Madone et le Sauveur, de la première manière du Corrége ; enfin, le Mariage de Marie, de la première manière de Raphaël.

On le voit, le musée de Milan est des plus riches, et c'est avec un saint respect que l'on entre dans ces salles où sont les chefs-d'œuvre des plus grands noms de la peinture.

Je n'ai pas dit encore un mot des théâtres : c'est qu'à Milan, il n'y en a qu'un qui soit fréquenté par la haute société, c'est le théâtre de la *Scala*, le plus grand de tous ceux de l'Italie, et qui n'a qu'un rival, le théâtre *San-Carlo*, à Naples.

Le soir que nous y allâmes, il y avait un concert auquel devaient assister les deux souverains. Rien de plus magnifique, de plus commode et de mieux servi que ce théâtre. On entre par un grand vestibule qui conduit au parterre et à deux grands escaliers pour cinq rangs de loges ; au premier existe une grande terrasse où l'on peut aller prendre le frais. Les loges sont grandes, garnies de rideaux de soie, commodes, richement et confortablement meublées ; elles sont au nombre de deux cent quarante. L'usage d'y tenir assemblée, d'y recevoir des visites, est aussi commun à Milan que dans le reste de l'Italie.

On exécute sur ce théâtre de grands ballets ; mais, nous disait le comte, si les décorations y sont assez belles, les pantomimes et les danses sont presque toujours infiniment au-dessous de ce qu'on devrait attendre.

Si vous voulez avoir une idée de l'attention que portent les spectateurs lorsqu'on joue l'opéra, continuait notre hôte, je vous dirai que le premier coup d'archet est magnifique ; mais on n'entend que celui-là, à cause du bruit des portes de loges et du déchaînement des langues. Tout le monde cause et joue, sans s'occuper du théâtre. Le ballet n'a pas plutôt commencé, que le jeu et les conversations cessent sur-le-champ.

Il y a cependant à Milan un autre théâtre, la *Canobiana*, où l'on joue le drame et la comédie. Ce théâtre est relié au Palais-Royal par un corridor qui traverse la rue.

Nous visitons encore quelques établissements publics : l'Hôpital militaire, assez bel édifice, qui regorge des blessés de nos dernières luttes ; l'hospice Trivulzi, fondé en 1771 par le prince de ce nom, pour les septuagénaires des deux sexes, et enfin l'institution des Sourds-Muets.

Cette école est très-bien organisée; le directeur, M. le comte Paul Taverna, se fit un plaisir de nous en faire les honneurs. Les classes, faites par de jeunes professeurs habiles, contiennent de nombreux élèves. On leur fit faire des exercices devant nous, et ils répondirent avec assez de justesse aux questions que nous leur posâmes ; ils nous récitèrent dans leur langage quelques fragments d'Alfiéri. Nous restions stupéfaits devant ces jeunes gens qui nous faisaient comprendre les sublimes idées du poëte, dans ce langage silencieux qu'on nomme la pantomime.

Rien n'est plus fait, nous dit le directeur, pour rendre les magnificences de la pensée, que la mimique; elle exprime tout ce que l'homme aime, déteste, désire, refuse, veut ou souffre; elle a des expressions pour tout, et ces expressions ont une grandeur qu'aucune de nos langues parlées ne peut atteindre. Puis, autre avantage de ce langage, il se parle partout de même, en Italie comme en France, en Europe comme en Amérique, au fond des déserts comme au sein des villes; c'est la langue primitive, qui a existé avant toutes les autres, et qui a survécu à toutes les autres, car nous autres, entendants et parlants, nous nous en servons : l'orateur à la tribune, l'avocat au prétoire, le prêtre dans sa chaire, et orateur, avocat, prêtre, lui doivent leurs plus grands succès ; un geste accompagnant la fin d'une période saisit, émeut, terrifie le spectateur plus que les phrases les plus harmonieuses débitées sans son accompagnement obligé. La parole, c'est la pensée froide, sans couleur ; le geste lui donne la chaleur et la vie. Aussi les sourds-muets, dont le geste est le langage naturel, n'auront-ils jamais assez de reconnaissance pour l'homme éminent, pour l'apôtre qui l'a découvert chez eux-mêmes, pour votre immortel abbé de l'Épée.

Nos cœurs de Français étaient agréablement chatouillés de cet éloge donné à un compatriote ; ils l'étaient d'autant plus, que, quelque temps avant de quitter Paris, nous avions entendu professer les idées contraires par un Français dont je tairai le nom, et qui prétendait se faire une douteuse renommée en sapant bien maladroitement, il faut le dire, celle de l'illustre abbé à qui trente mille Français doivent le bonheur de recevoir l'instruction et de n'être plus considérés comme des parias.

Cependant nous avions tout visité, et nous dûmes prendre congé de nos hôtes, chez lesquels nous étions déjà depuis plus de huit jours.

Le comte voulait nous retenir encore, et la comtesse joignait ses instances à celles de son mari ; mais notre temps était compté ; nous avions a peine commencé notre voyage, et un prompt départ était nécessaire, si nous voulions visiter toute l'Italie.

Ce départ nous coûtait : l'affabilité du comte, la grâce charmante de sa femme, nous retenaient : nous voyions à regret cesser les douces soirées dans le jardin, où, éclairés seulement par la lune, nous restions jusqu'à minuit ; où nous causions de la France, de Paris ; où la comtesse nous parlait de Venise, la fiancée de la mer ; où chacun apportait son contingent d'appréciations, d'idées, de souvenirs.

Un beau matin donc, étouffant tous les regrets, nous descendons en costume de voyage, le sac sur le dos ; nous baisons les mains de la comtesse, qui nous donne rendez-vous à Venise pour la fin du mois. Le comte nous accompagne jusque sur la route de Pavie, où nous lui faisons nos adieux, lui promettant de ne pas oublier son aimable réception, et lui rappelant le rendez-vous de Venise.

X

PAVIE, PLAISANCE, PARME.

La route de Pavie. — Le canal Naviglio Grande. — Le château de Binasco. — Une femme à qui l'on tranche la tête pour un crime qu'elle aurait pu commettre. — Torre del Mangano. — La Chartreuse de Pavie. — Tombeau de Jean Galéas Visconti. — Le lavabo des moines. — Un puits en marbre blanc. — Les sacristies. — Le bâtiment des étrangers. — Un nouvel Atrium. — Le cimetière des Chartreux. — Les moines cultivateurs. — Les environs de la Chartreuse. — Souvenir de François Ier. — Joseph II confisque les revenus de la Chartreuse. — Le Directoire enlève jusqu'aux plombs des toits. — Pavie. — Le jardin du Milanais. — La prison de Boëce. — Histoire de Pavie. — Aspect de la ville. — La cathédrale. — La lance de Roland qui n'est qu'un aviron. — La citadelle. — L'Université. — Voghera. — Plaisance. — Les eaux du Pô. — Aspect de Plaisance. — La grande place. — Le palais ducal. — Histoire de Plaisance. — Manœuvre habile de Bonaparte en 1796. — La cathédrale. — Les églises. — Le collége Alberoni. — Excursion à Velleïa. — Borgo San-Donnino. — Le pont sur le Taro. — Diner parmesan. — Toujours du fromage. — Aspect de Parme. — Son histoire. — Le dôme. — Le baptistère. — Les églises. — Les palais. — Les théâtres. — La citadelle. — On ne peut pas la visiter. — Le territoire parmesan. — Un vers de Martial.

Sortis de Milan par la porte *Tircinese*, nous suivons la route sans nous parler; nos souvenirs, se pressant en foule dans nos têtes, nous en empêchaient absolument.

La route, tracée dans une immense plaine d'une luxuriante fertilité, est bordée d'arbres presque séculaires, baignés par des canaux qui se répandent dans la campagne.

Le canal *Naviglio Grande*, qui sort de Milan et suit la route jusqu'à Pavie, est un ouvrage admirable orné de ponts suspendus, et couvert d'écluses ingénieuses; il sert de communication entre Milan et le lac Majeur, et il se fait par son moyen un immense commerce.

Nous nous arrêtons à moitié chemin de Pavie, à Binasco, où nous visitons un vieux château restauré à la moderne ; c'est là, nous dit-on, que Béatrix Tenda, femme de Philippe Marc Visconti, fut mise à la torture et eut la tête tranchée pour crime supposé d'adultère.

Nous déjeunons à *Torre del Mangano*, puis, suivant une avenue qui traverse le canal, nous arrivons à la Chartreuse de Pavie.

C'est le monastère le plus curieux du monde entier ; situé au milieu de la plaine, il forme à lui seul une petite ville par l'étendue de ses constructions. Il fut fondé en 1396 par Jean Galéas Visconti, qui y établit vingt-cinq moines chartreux. L'architecte fut, dit-on, le même qui commença la cathédrale de Milan, la façade est d'*Ambrogio da Fossano*. Les sculptures en sont très-remarquables.

Dans le vestibule d'entrée, nous voyons deux fresques de B. Luini, Saint Sébastien et Saint Christophe. Nous entrons ensuite dans une immense cour, où nous admirons la façade de l'église.

L'intérieur de cette église est divisé en trois nefs et est bâti en forme de croix latine; il est surmonté d'une coupole ; à droite et à gauche sont une grande quantité de chapelles fermées par des grilles ; elles sont couvertes de sculptures et renferment de nombreux tableaux de peu de valeur.

Le transept est séparé de la nef par une très-belle grille. Dans cet endroit, nous remarquons des fresques de Borgognone, représentant la famille Visconti offrant à la Vierge un modèle de la Chartreuse.

Chaque autel, surmonté d'un tableau, offre à l'œil l'assemblage des marbres les plus rares, incrustés de pierres fines. Jusque-là, il n'y a que du luxe, mais il est grand. La traverse de la croix joint à ce mérite étranger à l'art celui d'une grande pureté d'architecture, et l'on y retrouve l'Italie. Cependant, quoique la somptuosité qui y règne soit extraordinaire, elle est toujours soumise au bon goût.

C'est là que se trouve, en marbre blanc, le tombeau du fondateur, Jean Galéas. Ce monument ressemble au mausolée de François 1er à Saint-Denis. L'entassement des richesses recommence au maître-autel, qui, avec le tabernacle, forme un monceau d'albâtre parsemé de pierres précieuses.

Toutes les voûtes sont peintes à fresque, et la plupart des ornements qui les décorent se détachent sur un fond d'or ou d'azur.

Près du tombeau de Galéas, nous trouvons une porte basse qui mène au lavabo des moines. Une grande vasque de marbre règne le long du mur, auquel sont ajustées des figures qui lancent de l'eau. Au-dessus est un buste qui, dit-on, est le portrait de Henri Gamodia ou Zamodia, Allemand de nation et architecte de l'église. À gauche du lavabo, on voit un petit puits en marbre blanc, comme tout le reste de cette pièce, où l'artiste semble avoir épuisé son art, tant on y trouve d'élégance et de délicatesse.

La richesse et la grandeur des deux sacristies répondent à ce qu'on a vu déjà; un immense réfectoire, une vaste bibliothèque, des salles d'assemblée pour le chapitre, un bâtiment pour donner l'hospitalité aux étrangers, ainsi que toutes les pièces nécessaires à la vie ordinaire, sont distribués avec art autour de l'église, d'où l'on sort d'un côté pour entrer d'abord dans le portique de la fontaine, lieu distribué absolument comme l'*Atrium* des anciens.

Des eaux jaillissantes sont au centre, et un portique en terre cuite sculptée, soutenu de colonnes élégantes, offre sur ses quatre côtés égaux une promenade délicieuse pendant la chaleur du jour; les plafonds sont peints en azur et or.

A ce cloître en succède un autre plus vaste, mais non moins élégant. Les murs sont garnis de peintures à fresque, et l'espace du milieu, couvert d'un gazon, était le cimetière des Chartreux, dont on voit les cellules, toutes semblables, s'élever symétriquement au-dessus du toit avancé qui couvre le portique. Vingt-deux portes correspondent à chacune d'elles; rien n'égale l'élégance sévère de ce lieu de tranquillité.

On ne peut se faire une idée de la somptuosité de cette Chartreuse, quand on ne l'a point vue, et il est impossible d'évaluer les millions qu'on a successivement dépensés pour la mettre dans l'état où elle est.

Dès l'année 1396, les chartreux y avaient été appelés et établis; le duc Galéas Visconti leur assigna des biens, à condition de terminer et d'embellir cette église. Non-seulement ils remplirent grandement leur promesse, mais ils amassèrent encore des richesses immenses par les améliorations qu'ils introduisirent dans la culture de leurs terres. En effet, il est difficile de trouver un sol plus fertile et mieux employé que celui qui entoure au loin ce monastère. La terre y est tellement garnie de végétation et d'arbres, qu'on a peine à concevoir aujourd'hui comment on a pu donner en ce lieu une bataille aussi importante que celle de Pavie, où François Ier fut fait prisonnier. C'est cependant près des murs de cette Chartreuse qu'eut lieu cette action mémorable, et c'est dans ce monastère même que le roi fut conduit, et qu'il écrivit ces mots: *Tout est perdu fors l'honneur.*

La Chartreuse fut supprimée par Joseph II, empereur d'Autriche, qui confisqua son million de revenu; le Directoire, en 1796, fit tout enlever, jusqu'aux plombs de la toiture. Ce beau monastère, si longtemps abandonné, a été rendu aux chartreux en 1845.

Après être restés trois heures environ à la Chartreuse et y avoir reçu une affable hospitalité, nous continuons notre route, et nous arrivons enfin à Pavie.

Située sur les bords du Tessin et dans une belle plaine, Pavie est une ville très-ancienne : suivant Pline, elle existait même avant Milan. Son territoire est si fertile qu'on l'appelle le jardin du Milanais.

Elle a d'assez beaux édifices. Nous y voyons encore de hautes tours carrées bâties de briques : c'est dans une de ces tours que fut renfermé Boëce.

Occupée au cinquième siècle par les Goths, elle devint ensuite la capitale des rois lombards. Elle recouvra sa liberté au treizième siècle, et eut un gouvernement municipal; mais, déchirée par les divisions de deux familles puissantes, les Langosco et les Beccaria, et sans cesse en guerre avec Milan, elle tomba en 1315 au pouvoir de Mat. Visconti, duc de Milan. Elle suivit depuis le sort de la capitale de la Lombardie. En 1527, Lautrec la livra au pillage pendant sept jours, pour la punir de la joie qu'elle avait montrée de la captivité de François Ier.

Pavie est d'un aspect triste. Les rues, comme celles de Turin, se coupent à angle droit et donnent une grande monotonie à la ville, qui est peu peuplée, surtout pendant les vacances de l'Université.

La place la plus considérable est environnée d'un grand portique; les rues sont larges et bien alignées : la plus belle est celle qui traverse la ville et va aboutir au pont du Tessin; ce pont, revêtu de marbre, est recouvert et sert de promenade aux habitants; il a cent cinquante pas de longueur.

La cathédrale, qui a été rebâtie il y a peu de temps, a été commencée en 1448 ; elle n'a rien de remarquable. On y conserve une prétendue lance de Roland, qui n'est autre chose qu'un aviron armé de fer.

L'église de Saint-Pierre, où repose, dit-on, le corps de saint Augustin, est ornée de marbres et de statues; l'architecture en est gothique et hardie.

Il y avait autrefois une citadelle bien forte, qui, dans les guerres d'Italie, fut plusieurs fois assiégée et prise d'assaut : aujourd'hui, elle est presque ruinée.

Après avoir visité les quelques édifices que je viens de décrire, nous nous rendons à l'Université, qui n'a rien de remarquable comme bâtiment, mais dont la renommée est européenne, à cause des grands hommes qu'elle a possédés, et qui, par leur mérite personnel, ont su soutenir la célébrité de cet utile établissement. Parmi eux, on cite les fameux jurisconsultes Jazon, Balde et Alciat, qui y ont été professeurs.

Quelques objets méritent une attention particulière, ce sont la bibliothèque, le musée d'histoire naturelle, le cabinet de physique et d'anatomie et le jardin botanique.

Les palais les plus remarquables de Pavie par la richesse des ornements et la magnificence des galeries sont ceux de Brambilla et de l'ex-professeur Scarpa, où se trouve un portrait peint par Raphaël.

Ceux de Maino et d'Ollevano sont curieux par leur architecture et la beauté de leurs jardins. Le théâtre, bâti en 1793, est d'une forme assez agréable.

Après deux jours passés à visiter Pavie, nous quittons cette ville, nous dirigeant vers Plaisance. Nous nous arrêtons à Voghera.

C'est la dernière place du Piémont, aux confins du pays de Plaisance et du territoire de Pavie. Cette ville est bâtie dans une situation riante, sur la *via Claudia*, et offre une vue agréable et charmante. La cathédrale est d'architecture moderne et mérite d'être remarquée.

De Voghera, nous reprenons notre route en passant par Bronio et Château-Saint-Jean, et nous arrivons à Plaisance.

Cette ville est très-agréablement située sur la rive droite du Pô, dont les eaux, jaunâtres en cet endroit, ont beaucoup de ressemblance avec celles de la Loire. Elle est entourée de remparts, qui servent aujourd'hui de promenade. Toutes les églises et les palais, au nombre de cent environ, sont en brique.

Lorsqu'on parcourt Plaisance, on se croirait plutôt dans les détours d'une citadelle du moyen âge que dans les rues d'une ville. L'extérieur des maisons est grave jusqu'à inspirer de la tristesse, et le peu d'habitants qu'on rencontre donne à quelques quartiers l'aspect d'une ville dépeuplée. La grande place est le seul endroit où l'on trouve un peu de vie et de mouvement; là est le palais ducal, fort simple, en face la *podestiera* (mairie), monument gothique assez singulier, et aux extrémités duquel on voit les deux statues équestres de Rannucolo et d'Alexandre Farnèse. Les têtes sont passables, mais le reste, et surtout les chevaux, sont très-mauvais, ainsi que les bas-reliefs et les ornements qui sont sur les piédestaux.

Plaisance fut fondée par les Romains 219 ans avant Jésus-Christ, en même temps que Crémone, ces deux colonies étant destinées à faciliter l'incorporation à la république des territoires conquis sur les Gaulois.

Elle fut pillée par les Carthaginois dans la deuxième guerre punique, et fut presque détruite dans la guerre d'Othon avec Vitellius. Au moyen âge, on vit tour à tour les Scotti, les Arcelli, les Landli, les Anguissola, les Torriani et les Visconti se disputer la possession de cette ville, qui passa enfin à la maison Farnèse, dont le premier duc, Pierre Louis, fils naturel du pape Paul III, fit peser sur elle un joug de fer, et fut précipité du balcon de son palais par des conjurés.

Depuis cette époque, Plaisance partagea le sort de Parme ; sa décadence date de l'affreux pillage de 1447, ordonné par Fr. Sforza, qui réduisit en esclavage et fit vendre à l'encan dix mille citoyens, une des preuves, dit Sismondi, que ce n'est pas le christianisme qui a aboli l'esclavage. D'horribles supplices contraignirent les habitants à livrer aux soldats leurs trésors cachés.

De 1802 à 1814, Plaisance fut un chef-lieu d'arrondissement du département du Taro.

Depuis, les Autrichiens ont converti cette ville en un camp retranché. Ses fortifications consistent en une citadelle établie sur la rive gauche du Pô ; au débouché du pont, en une vieille muraille renforcée de tours et eu redoutes détachées, dont le gouvernement autrichien a imposé la construction au duché de Parme pour y abriter ses armées.

A l'époque de notre passage, la ville, délivrée des Autrichiens depuis le commencement de la guerre, était administrée par la municipalité.

Le 7 mai 1796, Bonaparte, par une manœuvre habile, y força le passage du Pô. Beaulieu l'attendait à Pavie, où il avait concentré ses troupes. Bonaparte, pour le confirmer dans son erreur, manœuvra devant lui et fit des démonstrations de passage à Valenza. Pendant ce temps, il formait une colonne de six bataillons en réunissant toutes les compagnies de grenadiers et de carabiniers, et la dirigea lui-même, par une marche forcée de dix-sept lieues, de Voghera sur Plaisance.

Arrivé à onze heures du soir à Castel-San-Giovanni, il la fit reposer pendant trois heures, et chargea Andréossi, qui fut plus tard général du génie, de descendre le Pô avec cent chevaux jusqu'à Plaisance, pour y surprendre quelques barques. Sa colonne, remise en marche à deux heures du matin, arriva à Plaisance à sept heures.

Les grenadiers se jettent dans les bateaux d'Andréossi, écartent à coups de fusil deux escadrons de hussards placés en observation sur le rivage, et protégent l'établissement d'un pont, sur lequel toute l'armée passa le lendemain.

Par cette marche habile, la barrière du Pô, large de cinq cents mètres devant Plaisance, était franchie, et la ligne du Tessin, que Beaulieu avait hérissée de retranchements, était tournée et rendue inutile.

La cathédrale de Plaisance est d'architecture gothique et n'a rien de remarquable. L'intérieur est orné d'une foule de peintures assez médiocres, et ce n'est que dans la coupole que l'on trouve des ouvrages de Guerchin et des figures de Louis Carrache. Il est extrêmement difficile, pour ne pas dire impossible, de jouir des détails de cette coupole, même avec une lorgnette.

On nous fait voir dans cette église deux tableaux, l'un du chevalier Landi, représentant Jésus sur le chemin du Calvaire, l'autre de Camuccini, la Présentation au Temple. Le premier est beau de couleur et d'expression, mais pauvre de dessin ; l'autre offre une ordonnance de composition belle et simple, une couleur vraie, quoiqu'un peu grêle, et fait honneur à l'école moderne d'Italie.

En général, les églises de Plaisance, brillantes de ce luxe dont on est si prodigue en Italie, fourmillent d'ornements de mauvais goût et de tableaux assez médiocres. C'est l'architecture extérieure qui frappe d'étonnement.

Hors de la porte *San-Lazaro*, nous visitons le collége Albéroni, qui est fort remarquable, et de là nous examinons le beau pont de vingt-deux arches, qui est sur le Tanaro.

Le palais Farnèse, de l'autre côté du Pô, est un monument massif qu'on prendrait pour une prison ruinée ; ce monument n'a jamais été achevé.

Nous quittons Plaisance après avoir fait une excursion à *Velleia*, près des monts *Morio* et *Rovinazzo*, dont les éboulements ont englouti la ville antique. Il y a dans le voisinage des exhalaisons permanentes de gaz hydrogène, dont les flammes sont une des curiosités naturelles de cette contrée.

Sur la route qui conduit à Parme, nous rencontrons *Borgo-San-Donnino*, petit endroit où nous remarquons un hôpital magnifique et des habitations qui passeraient pour des monuments dans une ville de France.

L'auberge dans laquelle nous nous arrêtons est vaste, spacieuse, et ornée de peintures à fresque et d'arabesques charmantes.

Avant d'entrer à Parme, nous traversons, sur le *Taro*, un pont magnifique que Marie-Louise a fait construire ; il est en ligne droite et percé de vingt arches, entre lesquelles on a pratiqué dix-huit grands yeux pour offrir moins de résistance au torrent. A chaque extrémité du pont sont deux escaliers majestueux qui conduisent au bord de l'eau. Il est décoré de quatre statues colossales représentant les torrents du duché : le *Taro*, l'*Enza*, la *Parma* et le *Stirone*.

Nous entrons à Parme vers le soir, et notre premier soin est de souper, pour nous coucher après ; car nous avons fait dix lieues depuis Plaisance, et notre séjour à Milan nous a fait perdre un peu l'habitude de marcher. Nous allons à l'hôtel de la Poste, qui nous avait été indiqué par le comte, et nous faisons un dîner au fromage, vrai dîner de Parmesan, potage gras au fromage, côtelettes de mouton panées au fromage, omelette au fromage, macaroni à l'italienne (au fromage, bien entendu), dessert au fromage, le tout accompagné d'un vin capiteux dont nous faisons une ample consommation, vu l'altération que nous donnent tous ces mets ; aussi, après le dîner, sommes-nous plus pressés encore de nous aller coucher. Nous nous souhaitons le bonsoir ; nous gagnons nos lits, et bientôt la fatigue, le fromage, le vin, font leur effet, nos yeux s'appesantissent, nous dormons.

Le lendemain matin, nous commençons notre visite à travers la ville. Parme est en général bien bâtie. Ses rues sont droites, larges et décorées de beaux édifices ; elle est en outre pourvue de fontaines et d'aqueducs pour amener les eaux ; mais le principal motif qui engage les étrangers à s'y arrêter, c'est qu'ils peuvent y admirer les chefs-d'œuvre de trois peintres célèbres, le Corrège, Parmigianino et Lanfranco, qui ont enrichi de leurs ouvrages la plupart des églises et des bâtiments publics et particuliers de cette ville : j'en parlerai du reste tout à l'heure.

La ville est de forme circulaire ; elle est entourée de murs bastionnés qui servaient jadis à sa défense, et protégée par une citadelle élevée au sud. Un chemin de circonvallation, long de six mille mètres, fait le tour de la ville, à laquelle cinq portes donnent accès.

Parme a été bâtie cent quarante-huit ans avant Jésus-Christ. D'abord occupée par les Étrusques, puis colonie romaine, elle tomba successivement au pouvoir des Lombards et de Charlemagne, qui la donna au pape.

Pendant les querelles de l'Empire et de la papauté, elle se constitua en république ; mais, déchirée par les factions des familles nobles, elle retomba sous la domination des ducs de Milan. En 1512, le pape Jules II se la fit céder par l'empereur Maximilien Ier ; ensuite, les Français et les Espagnols s'en disputèrent la possession, et le pape Paul III (Alexandre Farnèse) la donna à Pierre Louis Farnèse, resté seul de ses enfants naturels. Celui-ci s'attira la haine de ses sujets par sa tyrannie ; cependant, ses descendants conservèrent le duché de Parme jusqu'à l'extinction des héritiers mâles, en 1713.

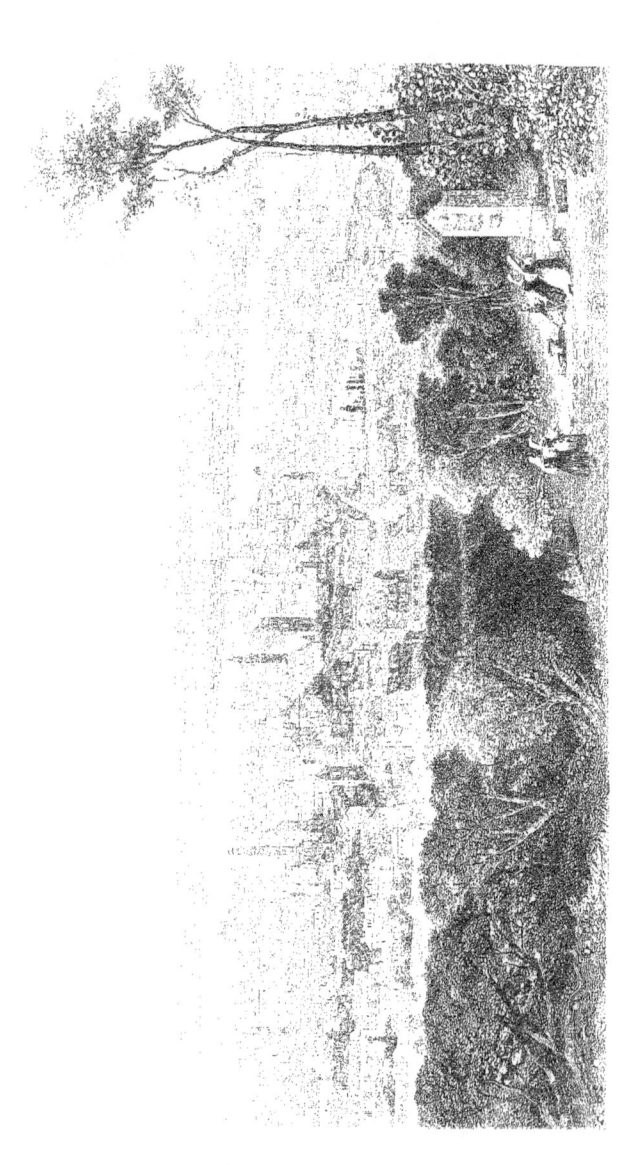

Alors, don Carlos, infant d'Espagne et fils de Philippe V et d'Élisabeth Farnèse, fut mis en possession de Parme, malgré les protestations du pape. Devenu roi des Deux-Siciles en 1736, ce prince, par le traité d'Aix-la-Chapelle, donna Parme à la maison d'Autriche, qui la conserva jusqu'en 1743, pour la céder aux Espagnols, après la guerre de Sept ans.

Bonaparte lui imposa en 1796 un tribut de deux millions et la cession de vingt tableaux, parmi lesquels le Saint Jérôme, du Corrége. Sous le premier Empire, un décret réunit Parme à la France, comme département du Taro. En 1815, la souveraineté héréditaire du duché fut assurée à Marie-Louise et à son fils. En 1817, une nouvelle convention le déclara reversible, après la mort de l'ex-impératrice des Français, à Marie-Louise, duchesse de Lucques, ou à sa postérité. Charles III, duc de Lucques, résigna ce duché à la Toscane, à laquelle il est annexé, et prit possession de Parme en 1847.

Forcé de quitter ses États en 1848, il abdiqua en 1849 en faveur de son fils, Ferdinand-Charles III. Ce prince, de la maison des Bourbons d'Espagne, né le 14 janvier 1823, fut assassiné le 27 mars 1854. Il avait épousé en 1845 la duchesse Louise-Marie-Thérèse de Bourbon, sœur du comte de Chambord, née le 21 septembre 1819 ; elle devint régente au nom de son fils mineur, le duc Robert I*, Charles-Louis de Bourbon, infant d'Espagne, né le 9 juillet 1848.

Le 7 mai 1859, Parme, à l'exemple de Florence, fit sa révolution pour prendre part à la guerre de l'indépendance italienne. Une contre-révolution ne tarda pas à s'opérer, et la duchesse régente rentrait à Parme en proclamant sa neutralité. Mais le 17 juin, elle se vit de nouveau obligée de fuir avec son fils, et elle partit en dégageant ses troupes de leur serment.

A notre arrivée, la ville était encore en rumeur ; ces braves Parmesans, peu habitués à la liberté, semblaient tout étonnés de se voir les maîtres chez eux ; aussi, les voyait-on beaucoup plus sur les places que dans leur logis.

Nous qui n'avions pas les mêmes motifs pour rester dans les rues, nous nous occupons de visiter les édifices remarquables.

Le Dôme attire d'abord notre attention. C'est un vaste édifice en style gothique, remarquable par sa coupole, dont les peintures, quoiqu'un peu dégradées, passent pour le plus bel ouvrage du Corrège : elles représentent l'Assomption de la Vierge au milieu des anges et des saints; la chaleur de l'imagination et la hardiesse des raccourcis y sont portées au plus haut point. Nous voyons dans la même église les tombeaux du célèbre Adéodat Turchi, évêque de Parme, de Jean-Baptiste Bodoni, qui le premier porta en Italie l'art typographique à un haut degré de perfection, et d'Ange Mazza, le chantre de l'harmonie, mort en 1817, dans sa soixante-seizième année.

Nous y remarquons aussi un mausolée consacré à la mémoire de Pétrarque, qui fut longtemps archidiacre de la cathédrale. Du reste, ce temple, ainsi que le vaste souterrain décoré de colonnes qui est au-dessous, est orné de sculptures, de tableaux et de fresques d'un grand prix.

Le baptistère, à côté de la cathédrale, est un riche édifice octogone tout en marbre de Vérone, construit en 1196 par Antelami, sculpteur et architecte. Dans l'intérieur, on voit plusieurs colonnes précieuses, deux entre autres de granit oriental, diverses peintures antiques qui ne sont pas sans mérite, et un tableau de Lanfranco, représentant saint Octave tombant de cheval; la grande cuve de l'eau bénite, au milieu du temple, est d'un seul morceau de marbre véronais du treizième siècle.

Saint-Jean-l'Évangéliste, ancienne église des bénédictins, placée à l'extrémité du faubourg de Riolo, est enrichie de bons tableaux, parmi lesquels nous distinguons une belle copie du Saint Jérôme du Corrège, faite par Aretusi, et une autre copie de la fameuse Nuit, du même peintre, tableau qui est actuellement dans la galerie royale de Dresde.

Les superbes peintures de la coupole de cette église, représentant Jésus-Christ montant au ciel, sont pleines de hardiesse et d'expression, et d'une rare beauté de composition et de coloris : ce fut le premier ouvrage du Corrège, qui les exécuta à l'âge de vingt-six ans. Le même artiste peignit en clair-obscur les ornements qui décorent la voûte du sanctuaire, et donna les dessins des figures et des enfants en bas-relief qui embellissent la frise de la corniche, ainsi que des candélabres que l'on voit sur les chapiteaux des pilastres, tout le long de l'église.

Les arcades des chapelles du Saint-Crucifix et de Sainte-Gertrude sont couvertes de fresques du Parmigianino. Dans une lunette, au-dessus d'une petite porte qui conduit au couvent attenant à l'église, nous admirons un Saint Jean l'Évangéliste du Corrège.

Dans le couvent, nous voyons, en face de la porte du réfectoire d'hiver, dans une espèce de niche, un joli Groupe de petits enfants, du même peintre, fresque malheureusement très-endommagée. Nous remarquons, dans un corridor de ce même couvent, quatre belles statues en stuc, modelées par le célèbre Antoine Begarelli de Modène.

L'église des Nouvelles-Capucines, qui fut élevée en 1569 sur un dessin de Jean-François Testa, est riche, élégante, et couronnée d'une coupole dans laquelle Jean-Baptiste Tinti a peint, avec la grâce qui lui était ordinaire, l'Assomption de la Vierge.

L'église des Capucins, qui appartenait aux Templiers, possède une Conception de J.-B. Piazetta ; deux beaux tableaux de Lionel Spada, qui sont dans le chœur, représentent deux miracles de saint Félix ; plus loin, nous voyons deux tableaux d'Annibal Carrache, ce grand imitateur de la nature, dont les sujets sont Saint Louis et Sainte Élisabeth.

L'Annonciade est une église d'une forme assez singulière, qui se compose de dix chapelles en ovale dirigées vers le même centre. Nous y remarquons une Annonciation du Corrège, peinte à fresque, et qu'on y a transportée en sciant le mur, mais qui est très-endommagée.

L'église de l'ancien couvent de Saint-Paul servait, il y a peu de temps encore, à l'usage de la cour ; elle est dédiée à saint Louis. Dans une des chambres du couvent, actuellement supprimé, nous voyons la fameuse fresque du Corrège représentant le Triomphe de Diane, avec divers petits Génies qui portent des instruments de chasse ; autour du tableau, il y a des compartiments en clair-obscur d'un effet surprenant.

L'église de Sainte-Thérèse est entièrement peinte à fresque par Galcotti ; ces peintures représentent l'histoire de la sainte, et montrent le génie plein de feu de l'artiste qui les exécuta.

La *Madona della Steccata*, attribuée au Bramante, mais construite réellement en 1639 par Jean François Zaccagna, est la plus belle église de Parme ; cependant, les marbres et les dorures qui l'enrichissent cèdent au nombre et à la beauté des peintures à fresque et sur toile dont elle est décorée. Nous y admirons, entre autres ouvrages, ceux d'Anselmi, de Jérôme Mazzola, de Tiarini, de Lojaro, de Franceschini et d'autres peintres célèbres. Sous l'orgue, nous voyons trois Sibylles, et sous une arcade voisine un Moïse, avec Adam et Ève en clair-obscur, peints par le Parmigianino.

L'église de la *Trinita-Vecchia* possède aussi de belles fresques, une entre autres qui représente Saint Roch et Saint Antoine de Padoue, puis une Sainte Vierge en adoration devant l'enfant Jésus, avec saint Jean-Baptiste et saint François, de J.-B. Serotti, surnommé Molosso ; nous voyons en outre, dans cette même église, quelques inscriptions en l'honneur de plusieurs hommes illustres.

Le palais Farnèse, autrement dit la *Pelotta*, est un assemblage de grandes masses de bâtiments qui attendent encore la main de l'architecte ; mais lorsqu'il sera terminé, il pourra être compté parmi les beaux édifices de Parme. Il renferme l'Académie des beaux-arts, à laquelle la France a rendu différents tableaux du Corrège, qu'elle lui avait enlevés : la Madone à l'Écuelle, une Descente de croix, le Martyre de sainte Placide, tous ouvrages du Corrège, et le chef-d'œuvre de ce peintre sans rival, le précieux tableau représentant la Vierge et l'enfant Jésus avec sainte

Marie-Madeleine, saint Jérôme et deux anges : rien n'approche de la beauté du coloris de cet admirable ouvrage

Nous remarquons dans ce musée des tableaux de Raphaël, du Parmigianino, de Francia, de Lanfranco, de Mazzola, de Carrache, du Schidone, du Conegliano, d'Anselmi, du Guercino, de Rondani, du chevalier Del Cairo, d'Amidano, du Procaccini, du Cignani, de l'Espagnolet, etc., etc.

Nous distinguons aussi plusieurs statues antiques : un Hercule et un Bacchus en basalte, de grandeur colossale, et d'autres tableaux d'auteurs modernes couronnés à l'exposition qui a lieu chaque année dans cet établissement.

Le Musée, contigu à l'Académie, est riche en bronzes, en inscriptions, etc., monuments trouvés la plupart dans le Plaisantin, en fouillant auprès de Velleïa, dont j'ai parlé plus haut. Nous remarquons surtout la fameuse Table Trajane.

La Bibliothèque, en face de l'Académie, occupe deux vastes galeries qui se suivent, et contient plus de cinquante mille volumes, outre une fort belle fresque du Corrège.

L'Université est établie dans un ancien collège des jésuites ; elle s'honore d'avoir possédé des savants distingués. On y a réuni un amphithéâtre anatomique, un laboratoire de chimie, un cabinet d'histoire naturelle, un observatoire pour l'astronomie et un cabinet de physique. Le jardin botanique est dans un autre quartier.

Le collège de Sainte-Catherine, ou des Nobles, est dans son genre un des plus beaux établissements qu'on puisse voir. Nous y remarquons de bonnes peintures de Lanfranco, de Lionel Spada, de Fr. Stringa et de Bibiena ; un petit théâtre et un plan de fortification, d'attaque et de défense, exécuté en relief sur une longueur de plus de seize mètres, par l'ingénieur Parcher d'Aubencourt, qui fut directeur des plans de la galerie du Louvre à Paris.

Le théâtre Farnèse, qui se trouve dans le palais du même nom, est un des plus beaux qu'il y ait en Italie. Il a quatre-vingt-sept mètres de long et peut contenir environ neuf mille personnes. Le plan en a été tracé avec beaucoup d'intelligence par l'architecte J.-B. Alleoti, sous le règne du duc Ranuce Farnèse Ier, et il n'a pas le défaut ordinaire des autres théâtres d'Italie, où une partie des spectateurs est condamnée à ne rien voir : le pourtour de la salle, qui est de forme semi-circulaire, a quatorze rangs de gradins, à la manière des amphithéâtres romains, en sorte que non-seulement tout le monde peut y jouir du spectacle, mais, du fond même du théâtre, on entend parfaitement les sons les plus faibles comme les plus aigus.

Il y a un autre théâtre moins grand près du palais Ducal, et Marie-Louise en fit bâtir un troisième, qui est sous tous les rapports un des plus élégants d'Italie. Parme doit encore à l'ex-impératrice la construction de deux ponts magnifiques, sur le Taro et sur la Trebbia.

Nous visitons à la hâte : le palais Santivale, qui contient une riche collection de dessins du Parmigianino ; une galerie de tableaux des meilleurs peintres anciens et modernes ; une belle bibliothèque et un petit théâtre en bois qui sert à l'usage du public, mais qui n'est pas ouvert tous les jours ; le collége Lalatta, orné de fresques de Gambara ; le palais Pallavicini, qui possède des peintures superbes de Galeotti, du Tempesta, etc.; le palais Ducal, appelé aussi *Palazzio Giradino*, dans l'intérieur duquel nous admirons des stucs, des tapisseries de la fabrique des Gobelins et une chambre enrichie de fresques d'Augustin Caracci et de Cignani ; le délicieux jardin qui est contigu est ouvert tous les jours au public.

Comme ouvrages d'architecture, nous remarquons le palais Corradi, élevé sur les dessins de Rosetti ; la petite et élégante maison Cusani de Vignola, gâtée cependant par le temps et par les réparations qu'on y a faites ; le palais Poldi ou du duc Grillo, tout en bossage, mais encore imparfait ; la porte de Saint-Michel, attribuée à San-Micheli ; l'arc de triomphe, à un demi-mille hors de la ville, appelé Portone di San-Lazaro ; la façade de l'église de la Madone des Grâces ; le palais de la Commune, construit d'après les dessins de J.-B. Magnani ; celui du Gouvernement, sur la grande place qui est elle-même décorée d'un monument en marbre élevé pour perpétuer la mémoire de la visite de Joseph II à Parme ; le grand hôpital de la Miséricorde ; la grande place du palais Ducal, plantée de platanes et d'acacias, ornée de siéges et qui présente ainsi une promenade fort agréable ; le Manége ; la Giara, où se tient le marché public ; enfin, hors de la ville, le cimetière appelé *la Viletta* et le superbe pont qui traverse le Taro, construit par l'ingénieur Coconcelli : ce pont est formé de vingt arches qui ont chacune vingt-quatre mètres de corde sur six mètres soixante centimètres de rayon, avec des pieds droits de trois mètres ; la longueur totale du pont est d'environ six cents mètres sur huit de largeur, y compris les deux trottoirs.

Il ne nous reste plus qu'à visiter la citadelle. Notre cicerone nous apprend que c'est très-difficile, pour ne pas dire impossible, parce que maintenant elle est défendue par la garde civique, qui voit dans chaque étranger un émissaire de l'Autriche ou de l'ex-régente. Nous nous contentons d'en visiter l'extérieur.

Cette citadelle est régulière, mais en trop mauvais état pour être susceptible d'une grande résistance ; aussi entre elle et la ville a-t-on fait une promenade de cinq cent quatre-vingt-cinq mètres de long, qui se joint à une autre promenade, laquelle conduit à la porte Saint-Michel. Cet endroit est, le soir, le rendez-vous des promeneurs et des équipages : on se croirait aux Champs-Élysées.

Grâce à notre maître d'hôtel, qui est officier dans la garde civique, il nous est permis de visiter, hors des portes de la ville, une maison de plaisance qui appartenait à la régente ; cette maison est située sur une hauteur, dans une position délicieuse : elle porte le nom de *Casino de' Boschi*.

Il y a, à trois lieues de Parme, un autre château royal de plaisance, le Colorno, mais le temps nous manque pour le visiter.

Nous quittons cette ville, qui, si elle n'est pas gaie, est du moins un séjour agréable ; l'air y est très-pur, quoique le climat y soit tempéré ; l'élévation du sol et le voisinage des Apennins sont cause qu'on y ressent quelquefois des hivers très-rigoureux. Du reste, le territoire parmesan a toujours été renommé pour ses nombreux troupeaux et la beauté des laines qu'on en retire : c'est ce qui a fait dire au poëte Martial :

Tondet et innumeros gallica Parma greges.

En effet, la soie est encore aujourd'hui la principale richesse du pays, elle se vend en trame et en organsin. Les Parmesans ne récoltent pas toujours assez de blé pour leur consommation, mais ils ont des objets d'échange, des salines considérables, des mines de fer, de cuivre, de vitriol et des eaux médicinales.

Quant aux habitants, ils sont en général instruits, polis et affables ; ils sont fiers de l'antiquité de leur ville et rappellent à l'occasion qu'elle a vu naître Cassius, l'un des principaux chefs de la conspiration contre César ; un autre Cassius qui fut poëte, et qu'Horace cite avec éloge, enfin Macrobe, historien dont la renommée a traversé dix-sept siècles.

Nous partons donc, nous acheminant vers Modène et Bologne.

XI

REGGIO, MODÈNE, BOLOGNE.

Route de Parme à Reggio. — San-Lazzaro. — San-Prospero. — San-Hilario. — Reggio. — Histoire. — Églises. — Musée Spallanzani. — La Secchia. — Plaines de la Lombardie. — Modène. — Histoire. — Le palais Ducal. — Tableaux. — Bibliothèque. — Églises. — Théâtre. — Promenades. — Hospices. — Route de Modène à Bologne. — Bologne. — Monuments antiques. — Tours penchées. — Églises. — Université. — Musées. — Le Campo-Santo. — Environs de Bologne. — Départ.

La route de Parme à Reggio est magnifique ; on est toujours en plaine, et à mesure qu'on avance la beauté semble croître avec la fertilité. Ce sont de délicieuses prairies bordées de haies vives, toutes parsemées de vigoureux arbres enlacés de ceps d'une végétation non moins florissante. L'épais ombrage qu'ils répandent et de nombreux canaux d'irrigation entretiennent partout la fraîcheur et un printemps éternel.

Nous rencontrons presque à chaque pas de jolis hameaux entourés de touffes d'arbres, comme on en voit dans le petit Trianon à Versailles.

Nous passons sans nous arrêter à San-Lazzaro où se trouvait autrefois un hôpital destiné aux lépreux, auxquels l'entrée de Parme était interdite. Après cette ville, la route se continue en passant sous un arc de triomphe élevé à l'occasion du mariage de Marguerite de Médicis avec le duc Odoardo Farnèse.

Après avoir passé San-Prospero, dernier village du duché de Parme, nous franchissons la rivière torrentielle l'Enza, qui sépare les deux duchés, et nous entrons sur les terres de l'ex-duc de Modène, François V.

Nous laissons le village de San-Hilario, et nous faisons notre entrée à Reggio.

La ville est défendue par une épaisse muraille et par une citadelle qui se trouve dans l'intérieur de la ville. C'était autrefois une colonie romaine, qui fut fondée par Æmilius Lepidus. Lorsqu'elle eut été complétement ruinée par les Goths, Charlemagne la fit reconstruire. Elle se constitua en république, mais elle tomba, comme une partie de l'Italie, au pouvoir de la maison d'Este.

Nous donnons un coup d'œil à la cathédrale, dont la façade n'est pas encore terminée. Au-dessus du portail, nous remarquons deux grandes statues sculptées par Clémenti ; dans l'intérieur, nous voyons aussi quelques œuvres de ce même artiste, qui y est enterré.

L'église Notre-Dame, dite de la Giara, contient un Christ du Guerchin : c'est une œuvre admirable ; nous y voyons de nombreuses fresques dues à Lucca Ferrari, Tiarini, Leonello Spada et Gravassetti.

Au coin d'une rue, on nous montre une prétendue figure de Brennus, qui faisait partie d'un bas-relief antique. Quoique les habitants fassent beaucoup de cas de ce morceau de sculpture, nous devons dire qu'il ne vaut certainement pas la réputation qu'on lui a faite.

Nous visitons le musée Spallanzani, que le gouvernement a acquis pour servir à l'instruction publique ; il est rempli d'objets fort curieux et fort utiles.

On nous dit que Reggio est la patrie de l'Arioste. Nous aurions eu mauvaise grâce à soutenir le contraire aux habitants, qui sont très-fiers

de compter l'immortel poëte au nombre de leurs compatriotes, mais nous n'en croyons rien, car, selon nous, la patrie de ce grand homme est Scandiano.

Nous ne restons qu'un jour à Reggio, puis nous nous mettons en route par le chemin de Modène.

Nous passons à une lieue de Corrège, endroit connu pour avoir donné la naissance et le nom au fameux Antoine Allegri.

Nous apercevons le vieux château fortifié de Rubiera, puis nous traversons la Secchia, sur laquelle nous voyons les débris d'un ancien pont romain.

Dans toute l'admirable plaine de la Lombardie, il n'y a pas un endroit qui soit aussi bien bâti, aussi bien cultivé que le petit État de Modène ; la route elle-même est d'un aspect enchanteur, bordée qu'elle est par deux rangées d'arbres centenaires entrelacés de guirlandes de vigne, c'est comme une immense galerie de verdure.

Nous arrivons enfin à Modène, où règne une grande agitation. Les Modénais, à l'exemple des Parmesans et des Toscans, se sont débarrassés de leur souverain, François V, qui est allé chercher du renfort en Autriche.

La ville est très-bien bâtie. Des portiques règnent tout le long des rues et mettent les piétons à l'abri du soleil et de la pluie : c'est un peu monotone, il est vrai; on croirait voir une rue de Rivoli perpétuelle.

La fondation de Modène est attribuée aux Étrusques. Dans la suite, elle devint colonie romaine, et prit une grande part aux troubles du triumvirat. Les plaines voisines furent les témoins des derniers efforts de la liberté mourante. Ruinée, puis rétablie sous Constantin, elle était tellement déchue au temps de saint Ambroise, que, dans ses lettres, il l'appelle un cadavre. Elle eut beaucoup à souffrir des Goths et des Lombards. Elle passa ensuite successivement, ainsi que les pays environnants, aux papes, aux Vénitiens, aux ducs de Milan. Elle parvint enfin à se constituer en république, ainsi que la plupart des autres villes de la haute

Italie ; mais ces petites républiques, si jalouses de leur liberté au dedans, ne se faisaient aucun scrupule d'attenter au dehors à la liberté des autres.

Après avoir lutté longtemps contre les entreprises des Bolonais, Modène fut obligée en 1288, pour échapper à leur domination, de se donner à Obizzon II, de la maison d'Este, seigneur de Ferrare. Celui-ci la protégea en effet, mais de protecteur il devint bientôt maître, et il transmit à ses descendants la nouvelle seigneurie qu'il venait d'acquérir.

La maison d'Este régna donc en même temps à Ferrare et à Modène, jusqu'au moment où elle vit ses possessions réduites au territoire des villes de Modène et de Reggio.

En 1425, Nicolas III fait trancher la tête à sa femme, Parisina Malatesta, convaincue d'adultère, et à Hugues, son fils naturel.

En 1452, Frédéric III érige Modène en duché. Hercule Ier lui succède en 1472, et laisse le trône en 1505 à Alphonse Ier, qui épouse en secondes noces Lucrèce Borgia, fille du pape Alexandre VI, et qui était alors à son quatrième mari. Les papes Jules II, Léon X et Clément VII cherchent à lui enlever ses États.

Hercule II lui succède en 1534, et est remplacé par Alphonse II, en 1559 ; c'est ce prince qui fit emprisonner le Tasse. En 1597, César d'Este établit sa résidence à Modène. Son successeur, Alphonse III, abdique en 1628 et se fait capucin.

François Ier acheta du roi d'Espagne la principauté de Correggio et commanda les armées françaises. Son fils, Alphonse IV, fut généralissime au service de la France ; il épousa une nièce de Mazarin, et obtint que les Espagnols retirassent leur garnison de la ville de Correggio.

En 1662, François II devint duc de Modène : sa mémoire est honorée par la protection qu'il accorda aux lettres et aux arts. Son oncle, le cardinal Rinaldo, lui succéda en 1694. François III, qui régna ensuite (1757), fut généralissime des armées espagnoles. Il perdit son duché et le recouvra à la paix d'Aix-la-Chapelle. Il vendit à la cour de Dresde cent tableaux, parmi lesquels il y en avait cinq du Corrège, pour cent trente mille sequins.

En 1796, sous le règne d'Hercule III, les Français s'emparèrent du duché de Modène, qui plus tard fut compris dans la république Cisalpine. En 1805, lors de la formation du royaume d'Italie, il fut divisé en deux départements : celui du Panaro, chef-lieu Modène, et celui du Crostolo, chef-lieu Reggio.

François IV, grand-duc d'Autriche, fils de l'archiduc Ferdinand et de Marie-Béatrix d'Este, succéda nominativement à son père, mort en 1806. Il rentra en possession du duché de Modène en 1814. Les événements de 1848 le forcèrent à le quitter ; il y rentra cependant après la bataille de Novare, en 1849, et mourut laissant le trône à François V, dont j'ai parlé plus haut.

Pour bien faire comprendre au lecteur la haine que les Modénais portent à ce souverain il me faudrait raconter ici tous les actes de barbarie dont ceux-ci l'accusent ; mais leur principal grief c'est qu'il est Autrichien. Voici les titres qu'il étalait en tête de ses actes : François V, archiduc d'Autriche-Este, prince royal de Hongrie et de Bohême, feld-maréchal au service de l'Autriche, propriétaire du régiment autrichien n° 32, etc.

On le voit, pour des Italiens, ce prince était un peu trop Allemand. J'ajouterai qu'il est né le 1er juin 1819, et qu'il fut marié le 30 mars 1842 à une fille du roi de Bavière, née le 19 mars 1823.

Nous commençons nos investigations à Modène par une visite au palais Ducal, qui est maintenant accessible à tous. D'une architecture à la fois élégante et majestueuse, il est d'autant plus remarquable qu'il est isolé, situé sur une vaste place et dans le quartier le plus fréquenté de la ville.

La cour est vaste, et environnée de colonnades qui produisent le plus grand effet. L'escalier, le salon principal, les appartements, un cabinet revêtu de glaces et de dorures, tout annonce la magnificence et répond à l'idée que l'extérieur a pu donner des décorations intérieures.

Ce palais renfermait jadis des richesses d'un autre genre ; c'était une prodigieuse quantité de tableaux des plus grands maîtres de l'art. Mais une partie de ces tableaux fut vendue au roi de Pologne, et parmi eux la célèbre Nuit du Corrège ; le reste a disparu lors des dernières guerres d'Italie.

La galerie actuelle se compose d'un certain nombre de peintures au nombre desquelles je citerai : Un Crucifiement et Saint Roch en prison, par le Guide. — Le Martyre de saint Pierre, le Mariage de sainte Catherine, Mars, Vénus et l'Amour, par le Guerchin. — Pluton et les Dieux de l'Olympe, par L. Carrache. — L'Assomption, Aurore et Céphale, par l'Albane. — Un Crucifiement, de Mantegna. — Une Sainte Famille, d'Andreo del Sarte. — La Nativité, par Pellegrino. — Un Paysan, de Murillo. — Un Bénédictin, de Vélasquez. — La Vierge apparaissant aux Chartreux de Bologne, de Dosso Dossi, etc.

La Bibliothèque est l'ancienne bibliothèque d'Este, dont elle a conservé le nom (*Biblioteca Estensa*), que César d'Este, chassé de Ferrare par Clément VIII, fit transporter à Modène ; elle a eu pour conservateurs les savants célèbres Tiraboschi et Muratori. Elle compte à présent quatre-vingt-dix mille volumes et trois mille manuscrits, parmi lesquels se trouvent un Évangile grec du huitième ou du neuvième siècle, les Lettres de saint Jérôme, manuscrit exécuté en 1157, aux frais des dames de Modène, un Dante du quatorzième siècle avec miniatures.

Quoique la ville de Modène n'ait qu'une population de trente mille âmes, on y compte cinquante et une églises, ou chapelles qui n'ont cependant rien de bien remarquable. La cathédrale est d'un gothique assez mauvais ; elle renferme néanmoins un tableau qui attire notre attention ;

c'est une copie de celui du Guide, représentant le *Nunc Dimittis*. La tour de cette église, appelée la Guirlandina, est de forme carrée, isolée, tout en marbre, et l'une des plus élevées de l'Italie : c'est au bas de cette tour qu'on conserve le vieux seau de bois qui fut un des trophées que les Modénais enlevèrent aux Bolonais, et qui a fait le sujet de la *Secchia Rapita*, poëme héroï-comique du célèbre Tassoni.

L'église San-Giorgio a un défaut, c'est d'être trop jolie ; elle a presque l'air d'une salle de bal. Les autres églises de Modène sont, comme la plupart de celles de l'Italie, riches d'ornements, de tableaux, de colonnes de marbre de différentes espèces, mais le grand, le majestueux, le sublime, ne s'y montrent que rarement.

Le théâtre est bien décoré ; il ressemble en quelque sorte aux amphithéâtres des anciens. La citadelle n'est plus rien. On la fait servir aujourd'hui à des objets plus utiles : on y a établi des manufactures de draps grossiers, des toileries, des corderies, où sont employés un nombre considérable de condamnés.

La seule promenade de la ville, comme dans presque toute l'Italie, est la *Strada del Corso*, ou le Rempart. L'hôpital des Enfants trouvés et celui des Malades sont deux édifices modernes assez beaux.

Le canal artificiel qui de Modène va au Panaro, et de cette rivière au Pô, établissant une communication avec la mer Adriatique, est très-avantageux pour la ville, qui, grâce à sa situation, est devenue un entrepôt des plus importants.

Sous le sol de Modène est un bassin souterrain rempli d'une eau aussi saine que pure, et qui est la source des puits qu'on trouve en très-grand nombre dans la ville et dans les environs. Ces puits n'éprouvent aucune diminution, pas même dans les plus grandes sécheresses. Le réservoir de l'eau est à plus de cent dix pieds sous terre.

Après avoir visité la ville, ce qui n'est pas très-long, vu le peu de curiosités qu'elle renferme, nous bouclons nos sacs, et, laissant les Modénais danser des farandoles sur la place du palais Ducal pour célébrer leur liberté, nous nous acheminons vers Bologne.

La route est toujours riante et agréable ; la plaine s'étend au loin, ombragée par les arbres verts ; des ruisseaux l'arrosent en tout sens et le Panaro la traverse. Nous passons cette rivière sur un beau pont de trois arches, mais nous sommes fort étonnés de la demande qui nous est faite de vingt-cinq sous de Milan pour le péage : c'est un peu cher, mais il n'y a pas à marchander ; nous donnons l'argent. A ce prix-là, le pont doit être payé depuis longtemps.

Nous passons à Castel-Franco, en laissant sur notre gauche le fort Urbain, bâti par le pape Urbain VIII près du champ de bataille où les consuls Fulvius et Pansa furent défaits par Marc-Antoine. En 1799, ce fort fut pris par les Russes sur les Français, qui s'y étaient retranchés.

Nous arrivons à Bologne, qui est située au pied des Apennins et à une petite distance du Reno. Polybe, Pline, Tite-Live, Strabon, Tacite, Cicéron et Dion Cassius, ont parlé de cette ville, qu'ils regardaient comme une des plus anciennes et des plus considérables de l'Italie.

D'après les diverses révolutions qu'elle a subies, il n'est pas étonnant qu'elle n'ait conservé que très-peu de vestiges de sa première splendeur ; nous y remarquons cependant quelques restes des Bains de Marius, et l'on nous dit que l'église de Saint-Etienne était autrefois un temple d'Isis.

La population de Bologne est de soixante-dix mille habitants. La ville a une demi-lieue de diamètre ; elle est partagée par un canal qui n'est navigable qu'au dehors ; on y entre par douze portes qui aboutissent à autant de rues très-belles ; les maisons sont bâties ou revêtues de pierres de taille avec des portiques à arcades élevés au-dessus du niveau de la rue, en sorte qu'on peut parcourir les rues de la ville à l'abri des injures du temps, à pied sec et sans éprouver aucune incommodité des voitures. Les portiques, assez communs en Italie, furent imaginés avant l'invention des

carrosses ; maintenant, ils sont regardés avec raison comme superflus et de mauvais goût.

Bologne n'a qu'une simple muraille de brique, sans fossés ni fortifications ; ce fut une des conditions qu'elle exigea en se donnant au pape.

Dans une petite place qu'on rencontre vers le milieu de la grande rue, nous voyons deux tours bâties de brique : l'une, appelée la Tour des Asinelli, a trois cent sept pieds de hauteur ; l'autre, qu'on nomme Garizenda, en a cent quarante-quatre. Ces deux tours penchent hors de leur aplomb, savoir : la première de trois pieds et demi, la seconde de huit pieds deux pouces. Une inclinaison si considérable est vraiment effrayante à voir, quelle que soit d'ailleurs la solidité de ces tours.

Les principaux édifices de Bologne, soit publics, soit particuliers, ont beaucoup de magnificence. Le palais de la Seigneurie, *palazzo Publico*, où sont les différents tribunaux de justice, a son entrée principale sur la grande place. Ce palais est très-vaste ; on voit sur la porte deux statues, l'une de Boniface VII et l'autre de Grégoire XIII ; le buste de Benoît XIV est au-dessus du grand escalier.

Vis-à-vis de la porte d'entrée de ce même palais, nous regardons la fontaine appelée du Géant, décorée par Jean de Bologne ; c'est l'une des plus belles d'Italie. On y voit Neptune debout, armé de son trident et dans cette fière attitude que Virgile a si bien décrite : *Quos ego.....* Quatre enfants, assis aux encoignures, enlacent de leurs bras des dauphins qui jettent de l'eau ; au bas du piédestal, quatre sirènes couchées sur des dauphins pressent leurs mamelles, dont elles font sortir des jets d'eau. Toutes ces figures sont en bronze. Le Neptune est de taille gigantesque ; les sirènes sont très-gracieuses, et se font remarquer par leurs attitudes voluptueuses et par la délicatesse avec laquelle les chairs sont rendues. Le seul reproche que nous puissions adresser à l'ensemble, c'est un peu de confusion et la réunion de trop de sculptures dans un si petit espace.

Bologne est une des villes d'Italie les plus riches en statues et en tableaux. Elle contient environ deux cents églises, et dans ce nombre, il n'y en a pas une qui ne possède au moins quelque peinture rare. Dans la cathédrale, dont l'architecture est fort belle, nous admirons une Annonciation peinte à fresque par Louis Carrache.

L'église de Saint-Pétrone est aussi très-belle, et contient des tableaux fort estimés. C'est dans la nef de ce monument que le célèbre Cassini établit sa première méridienne.

Toutes les autres églises renferment une quantité prodigieuse de tableaux et de statues, dont je m'abstiendrai de faire l'énumération, car elle dépasserait les bornes de cet ouvrage : ce sont des chefs-d'œuvre d'Augustin, de Louis et d'Annibal Carrache, du Guide, du Dominiquin, du Guerchin, de l'Albane et de plusieurs autres grands maîtres; aussi a-t-on appelé Bologne le cabinet des peintures d'Italie. J.-P. Zanotti, dans un ouvrage très-remarquable intitulé : *Peintures de Bologne*, a donné des détails circonstanciés sur chaque tableau.

Il y a à Bologne une Université qui a fait époque dans l'histoire du renouvellement des sciences. Fondée en 425, par l'empereur Théodose, la protection de Charlemagne lui donna un nouveau lustre. Le bâtiment est orné de peintures à fresque; l'amphithéâtre d'anatomie est très-bien disposé : nous y remarquons deux figures en bois représentant des écorchés et qui sont réellement des chefs-d'œuvre.

Le musée renferme de fort belles peintures, parmi lesquelles je citerai : Le Martyre de sainte Agnès, du Dominiquin ; la Madona del Rosario, du même, ses deux plus beaux ouvrages peut-être, nous dit Ernest; la Transfiguration, de Louis Carrache ; la Naissance de saint Jean-Baptiste, la Vierge et les Saints, du même. C'est ici, continue Ernest, qu'il faut étudier ce peintre trop peu connu, trop peu admiré; la Communion de saint Jérôme, d'Annibal Carrache ; la Madona della Pieta ed i Santi Protettori di Bologna, œuvre capitale de Guido Reni; l'admirable Massacre des Innocents, du même ; la Vierge Marie in Gloria, chef-d'œuvre du Pérugin ; la Sainte Cécile, de Raphaël ; la Vierge et les Saints, de Fr. Francia ; un Pape donnant la communion aux Pauvres, de Georges Vasari ; les Épousailles de sainte Catherine, de Pellegrino Tibaldi ; le même sujet, par Alexandre Tiarini, etc. Tous ces tableaux sont placés dans une rotonde ; on y arrive par un corridor dont les murs sont tapissés de tableaux des premiers temps de la peinture.

Notre cicerone nous fait entendre qu'il est indispensable de faire une visite au cimetière ; nous le suivons quoique le but de la promenade soit peu attrayant, mais nous sommes surpris par le curieux spectacle qui s'offre à nos yeux. Là sont rassemblés plusieurs milliers de tombeaux de marbre de tous les âges : de la renaissance, du dix-septième, du dix-huitième siècle et de notre époque ; quelques-uns sont de véritables chefs-d'œuvre ; on y voit d'admirables fresques, des inscriptions qu'on croirait du temps d'Auguste. Il y a des galeries de plusieurs centaines de pieds que la peinture et la sculpture se sont épuisées à embellir ; enfin ce monument peut être regardé comme une des merveilles de l'Italie.

Les environs de Bologne sont délicieux, le territoire abonde en grains, en chanvre, en soie, les collines qui dominent la ville présentent le plus gracieux aspect et produisent des fruits excellents ; mais la partie du pays qui s'étend vers le Pô est souvent désolée par le débordement des rivières.

Nous allons visiter à une lieue de Bologne, sur la montagne de Guardia, une église dédiée à la sainte Vierge ; on y arrive par un portique de six cent quatre-vingt-dix arceaux, qui commence à la porte de la ville et va jusqu'au sommet de la montagne. Dans cette église nous remarquons un tableau représentant la Vierge ; il est attribué à saint Luc.

Comme dans toutes les villes que nous venons de parcourir, Bologne était en révolution. Dès le 13 juin, le cardinal-légat, voyant les Autrichiens évacuer le pays, était parti lui-même laissant à la municipalité le soin de gouverner la ville. Celle-ci avait nommé une commission, et cette commission, à l'exemple de celle de Modène et de Florence, avait proclamé la dictature du roi Victor-Emmanuel.

Aussi y avait-il grande rumeur ; la garde civique était sur pied, l'hôtel de notre consul était le rendez-vous de processions journalières ; comme Français, nous fûmes accueillis avec acclamation et nous ne pûmes nous dérober aux ovations exagérées de quelques patriotes enragés.

Cependant nous avions vu tout ce qu'il y avait de curieux dans la ville, nous résolûmes de partir et nous primes la route de Florence, nous promettant de revenir dans les États de l'Église.

XII

FLORENCE.

Route de Bologne à Florence. — Florence. — Son origine. — La ville. — Les musées. — Les églises.

La route de Bologne à Florence se continue toujours en plaine, jusqu'à Pianoro, où elle commence à devenir montagneuse; les gens qui voyagent en voiture sont obligés de prendre à cet endroit un cheval de renfort, qu'ils gardent presque tout le temps, jusqu'à leur arrivée à Florence.

Nous nous arrêtons à Filigare, première ville de la Toscane, en venant des Légations. Nous remarquons le magnifique bâtiment de la douane, où l'on nous fait entrer pour examiner nos passe-ports et visiter nos bagages. Cette visite est bientôt faite, car le lecteur se rappelle que nos bagages consistent en trois sacs garnis du strict nécessaire.

Plus loin, après une montée fatigante, nous rencontrons Pietramala, qui est située sur un versant de l'Apennin, et arrosée par des cours d'eau qui vont se jeter dans l'Adriatique. A peu de distance, à *Monte di Fo*, nous allons visiter un petit volcan toujours allumé, qu'on appelle vulgairement le *Fuoco del Legno*. Lorsque le temps est pluvieux ou disposé à l'orage, la flamme devient plus vive. Les montagnes des alentours sont stériles, elles ne produisent que quelques arbres chétifs. Au nord du même volcan, et dans la partie la plus élevée, nous apercevons une autre montagne escarpée appelée *Canida*.

Nous passons à Covigliajo, qui est adossé sur le mont Béni; puis, nous armant de courage, nous traversons l'Apennin au col du *monte Futa;* notre ascension s'exécute sans mal, grâce à un double mur formant galerie qui a été construit récemment pour garantir les voyageurs de la violence des vents qui soufflent sur toutes les cimes nues de l'Apennin.

Après avoir marché pendant longtemps sur un haut plateau qui domine les environs, nous descendons dans la vallée de la Sieve, et nous nous arrêtons à Pratolino.

Cette ville possède une maison royale magnifique; l'architecture est de Bernard Buontalenti; cette maison est célèbre par les embellissements ajoutés par les Médicis, et principalement par le grand-duc François Ier, qui s'y établit et y vécut voluptueusement avec cette Bianca Capello louée par les poëtes, et dont Montaigne, peu enthousiaste, dit qu'elle a « un visage agréable et impérieux, le corsage gros... Le grand-duc métoit assés' d'eau, elle quasi pouint. » Le portrait qu'on a conservé d'elle mérite cette appréciation.

On voit à Pratolino la statue de l'Apennin, œuvre gigantesque haute de vingt mètres, sculptée par Jean de Bologne, ou plutôt par ses élèves.

La campagne environnante est ornée de plusieurs vestiges de fontaines et de jets d'eau, merveilles hydrauliques qui ont servi de modèle pour les jardins et les bassins de Versailles.

En quittant Pratolino, une descente rapide nous conduit à Florence, et nous découvrons la magnifique vallée de l'Arno, couverte d'arbres, de prairies, d'oliviers, de vignes, de villages et de villas; cet admirable aspect nous charme d'autant plus qu'il contraste singulièrement avec les sites désolés que nous venons de traverser en franchissant l'Apennin.

Au loin, nous apercevons Florence, qui s'annonce par un magnifique monument de la renaissance, dû au génie de Brunelleschi, la coupole de Sainte-Marie-des-Fleurs.

Nous entrons par la porte *San-Gallo* à Florence, en italien *Firenze*, ce qui signifie, en langue étrusque, *un lis rouge;* les armoiries de la ville portent cet emblème.

Quelques auteurs disent que c'est une ancienne ville de l'Étrurie, habitée ensuite par les Phéniciens; mais d'autres supposent qu'elle a été fondée par les soldats de Sylla ou par le peuple de Fésiole. Ce qui paraît certain, c'est que l'élite de l'armée de César fut envoyée comme dans une colonie à Florence, appelée alors *Florentia*, environ soixante ans avant Jésus-Christ, et que, sous la domination des empereurs romains, elle devint une des villes les plus considérables d'Étrurie, et fut embellie par un hippodrome, un champ de Mars, un Capitole et une route appelée *via Cascia*.

Les murs ont six milles de circonférence et renferment près de cent dix mille habitants. L'Arno, qui traverse la ville, est orné de quatre beaux ponts. Les places, les carrefours sont spacieux et nombreux; les rues, comme celles de toutes les grandes villes de Toscane, sont propres et parfaitement pavées avec des pierres plates.

Dès qu'on entre à Florence, on est frappé de l'aspect insolite que présentent ses anciens palais, aux constructions massives, simples, sévères, sans portiques, sans colonnades, et dont les noires façades ressemblent à des murs de citadelle. On s'étonne de je ne sais quel âpre génie empreint dans ces espèces de châteaux forts, monuments du moyen âge qui donnent encore de nos jours à cette ville une physionomie caractéristique. Florence est l'Athènes des temps modernes. C'est un nom glorieux parmi les glorieuses cités italiennes, un nom à jamais splendide, et dans lequel se résument, comme dans Athènes, les nobles idées qui ont pour mobile l'art, le patriotisme et la liberté! Nous en avions une preuve, lors de notre séjour dans cette ville ; elle venait de secouer le joug du grand-duc autrichien qui régnait sur elle; on voyait la joie empreinte sur tous les visages ; toute la jeunesse était armée, ardente et désireuse d'aller seconder nos troupes dans la lutte qui se terminait sur le champ de bataille de Solferino.

Je ne tenterai pas de raconter ici l'histoire de Florence : elle dépasserait le cadre restreint de cet ouvrage, car sa destinée est tellement liée à celle de toute l'Italie, qu'un volume ne suffirait pas pour narrer toutes les luttes qu'elle eut à soutenir avant d'arriver au point où elle en est aujourd'hui, c'est-à-dire à la liberté.

Appartenant tour à tour à Charlemagne, au saint-siége, à Barberousse, à la maison d'Este, puis libre, gouvernée par des consuls, reprise par les papes, réunie à l'empire d'Autriche, rétablie en république, propriété des Guelfes, puis des Gibelins, les Guelfes s'en emparent de nouveau ; enfin, la ville, moitié guelfe, moitié gibeline, en proie à une peste épouvantable qui enlève la moitié des habitants, finit par tomber au pouvoir des Médicis, marchands que les affaires de change avaient enrichis; cette famille se perpétue au pouvoir, tantôt s'alliant au saint-siége, tantôt suivant une politique entièrement italienne, et règne de 1428 jusqu'en 1723, c'est-à-dire pendant trois siècles, durant lesquels Florence fut à son apogée de gloire et de richesse ; la dynastie des Médicis éteinte, la maison d'Autriche la remplace jusqu'à l'invasion française, et reprend son autorité en 1814, pour la reperdre en 1859.

Nous nous installons dans un hôtel, car nous devons rester huit jours au moins à Florence, et nous commençons nos pérégrinations à travers la ville.

Notre première visite est pour la place du Grand-Duc; elle est à Florence ce qu'est la place Saint-Marc à Venise; ce point central a un aspect tout à fait caractéristique. Le vieux palais sévère, massif, rappelle les luttes orageuses de la liberté, et les monuments de l'art, disséminés dans ce forum florentin, et qui en font une sorte de musée, attestent encore la grandeur de la vie publique qui s'y agitait, et où tout, à l'exemple de ce qui se passait à Athènes, était calculé pour le peuple.

Le palais est orné d'une tour si élevée qu'elle est considérée comme un chef-d'œuvre d'architecture; elle a été bâtie par Arnolfo, élève de Cimabué; devant l'entrée du palais, on voit la célèbre statue en marbre représentant David; c'est l'ouvrage de Michel-Ange, qui l'exécuta à l'âge de vingt-neuf ans. De l'autre côté est un groupe en marbre, œuvre de Bandinelli, représentant Hercule tuant Cacus.

Au nord du palais est une fontaine de Neptune, construite par Ammanati; à côté est la statue équestre en bronze de Cosme Ier, par Jean de Bologne; à droite est le *Palazzo Uguccione*; il a été attribué à Raphaël. Au sud de la place est la *Loggia di Lanzi*, ainsi nommée quand elle devint un corps de garde des lansquenets des Médicis. Elle était d'abord destinée à la convocation du peuple; c'étaient les rostres de Florence. On l'appelle aussi *Loggia d'Orgagna*, parce que c'est lui qui en fut l'architecte. Deux lions gardent l'escalier; celui de gauche est de Flamimo Vacca.

Sous l'arcade de gauche, est le fameux Persée en bronze, de Benvenuto Cellini, qui a été pour lui l'objet d'un récit si animé; les petites statues si sveltes du piédestal sont aussi de lui. Au-dessous de celle de Jupiter on lit ces paroles que le vindicatif Florentin semble diriger contre quelque ennemi :

TE, FILI, SI QUIS LÆSERIT, ULTOR ERO.

Sous l'arcade de droite, est le beau groupe si hardi de mouvement de

Jean de Bologne, connu sous le nom de l'enlèvement de la Sabine. A l'intérieur de la loggia nous voyons Hercule et le Centaure Nessus, du même artiste; ce groupe était autrefois près du mont Vieux.

Sous l'arcade, du côté de la tour des Uffizi, il y a un groupe en bronze d'un aspect singulier, par Donatello; il représente Judith et Holopherne; cette composition d'un style barbare a eu de la célébrité parce qu'elle fut placée là après la fuite de Pierre de Médicis, et fut ainsi considérée comme un symbole de la délivrance de la tyrannie ; ce souvenir est conservé dans l'inscription qu'on lit au bas :

EXEMPLUM. SALUT. PUBL.
CIVES POSUERE.
MCCCXCV.

Nous entrons dans le palais du grand-duc ; il est richement orné et contient de nombreuses peintures ; au plafond et sur les murs de la pièce principale, il y a des fresques représentant les faits les plus remarquables qui se sont accomplis pendant la République et sous le gouvernement de la famille de Médicis. Tout est de Vasari, excepté quatre peintures à l'huile : l'une représentant le Couronnement de Cosme Ier, par Legozzi ; une autre représentant les Douze Florentins dans le même temps ambassadeurs de différents États près de Boniface VIII, par le même Legozzi ; une troisième, l'Élection de Cosme Ier, par Cegoli ; et une quatrième représentant l'Institution de l'ordre de Saint-Étienne, par Passignano. Dans cette même pièce se trouve encore un groupe de la Victoire avec un prisonnier à ses pieds, par Michel-Ange, et un autre groupe, Hercule triomphant du Vice, par Jean de Bologne. Les exploits de Furius Camillus sont peints *in tempera* par Salviati, dans la vieille salle des audiences (Sala dell' udienza Vecchia).

La Fabrica degli Uffizi, qui renferme la galerie royale, a été construite par Vasari, l'intérieur de l'édifice est orné de colonnes d'ordre dorique qui forment deux magnifiques portiques, réunis à l'une des extrémités par une arche qui soutient les appartements occupés par les cours de justice ; sur cette arche est une statue de Cosme Ier, par Jean de Bologne, et de plus les figures de l'Équité et de la Justice, par Vincent Danti.

La bibliothèque Magliabechiana est riche en manuscrits et en livres imprimés du quinzième siècle ; c'est le lieu de réunion de l'Académie de Florence ; elle est placée sous le même toit que la galerie Royale.

Dans l'escalier conduisant à la galerie, nous remarquons une statue de Bacchus en marbre, et à l'opposé une statue d'enfant.

Dans le premier vestibule, il y a une statue de Mars et une autre de Silène, avec un Bacchus enfant, en marbre. Dix bustes des princes de la maison de Médicis, au nombre desquels est celui du grand Laurent, surmontent quatre bas-reliefs.

Dans le deuxième vestibule, nous voyons un cheval en marbre que l'on suppose avoir originairement fait partie du groupe de Niobé et ses enfants ; puis deux colonnes quadrangulaires qui semblent représenter les victoires par terre et par mer de la personne à laquelle elles ont été dédiées ; sur l'une de ces colonnes repose une tête de Cybèle, et sur l'autre un beau buste de Jupiter ; plus loin nous voyons un sanglier qu'on nous dit être une sculpture grecque ; trois statues colossales représentent Trajan, Auguste et Adrien ; deux chiens-loups d'une large exécution semblent défendre l'entrée de la galerie dans laquelle nous pénétrons.

Le plafond de cette immense salle est orné d'arabesques ; tout autour des murs près du plafond se trouve la collection des portraits des personnages les plus distingués de l'antiquité, en généraux, hommes d'État, princes et littérateurs. Sur le mur à gauche, au-dessous des portraits, il y a des tableaux de l'école de Florence depuis le premier temps de la peinture, remarquables surtout sous ce rapport. On trouve là également une riche collection de bustes des empereurs romains et des membres de leurs familles qui s'étend tout autour des trois galeries.

Cette salle renferme plusieurs sarcophages curieux, parmi lesquels nous remarquons celui qui est placé au centre près de la porte d'entrée. Sur la gauche sont les statues d'un Lutteur, d'Apollon, d'Uranie et de Pan avec le jeune Olinte ; sur la droite, on voit la statue d'Agrippine, mère de Néron, et le groupe d'Hercule tuant le centaure Nessus.

De chaque côté de la deuxième galerie, près du plafond, nous voyons la suite des portraits des personnages les plus remarquable de l'antiquité. Il se trouve également là des peintures qui représentent l'histoire de sainte Madeleine, ainsi que divers morceaux de sculpture, tels que : Cupidon, Bacchus et Ampelos ; une Bacchante, Léda, Vénus sortant du bain, Minerve ; un autel circulaire que l'on suppose être l'œuvre de Cléomène, un trépied dédié à Mars, un Faune, Ganymède avec l'aigle, enfin un torse de Faune.

Le plafond de la troisième galerie est orné de peintures représentant la renaissance des arts et des sciences, ainsi que d'autres sujets historiques, dans lesquels on a introduit les portraits de tous les personnages les plus éminents parmi les Florentins. Des deux côtés, dans le voisinage du plafond, est la suite des portraits des grands personnages antiques, et sur la gauche, au-dessous des portraits, sont des tableaux des écoles napolitaine et autres.

Il y a encore dans cette galerie un grand nombre de statues, parmi lesquelles nous distinguons : Marsyas, Bacchus, par Michel-Ange ; saint Jean, par Donatello ; une copie du Laocoon, par Bandinelli ; une statue antique en marbre noir, couchée, que l'on suppose représenter Morphée ; David, par Donatello ; Bacchus, par Sansovino ; Apollon assis, un soldat

blessé ; un Discobole, attribué à Hiron ; enfin une Thétis sur un cheval marin.

Nous remarquons aussi un beau tableau de Cosimo Cambercini, représentant saint Pierre guérissant les boiteux à la porte du temple ; un autre de Luca Giordano ; la Transfiguration ; un autre représentant la Vierge, Jésus-Christ et saint Jean copié à Empoli d'après une fresque célèbre par Andréa del Sarte.

Parmi les bustes de cette galerie, nous distinguons ceux de Néron, Othon, Titus, Vespasien et du Pieux Antonin.

Nous passons dans le cabinet des bronzes modernes, qui renferme un nombre considérable de curiosités, et parmi elles : Mercure porté dans les airs, par Jean de Bologne ; le buste de Cosme de Médicis, par Benvenuto Cellini ; des bas-reliefs représentant saint François-Xavier, saint Joseph et sainte Thérèse, par Soldani ; une statue couchée, par Vecchutta de Sienne ; une statue anatomique, par Rigelo ; un enfant avec des ailes, attribué à Donatello ; David, également attribué au même artiste ; une copie du Taureau de Farnèse ; le sacrifice d'Abraham, par Ghiberti ; enfin une copie du Laocoon.

Le cabinet des bronzes antiques contient quatorze cases vitrées. La première contient : Apis, Jupiter, Neptune, Pluton, une tête remarquable de Saturne, Junon avec des caractères étrusques sur sa manche.

La deuxième case renferme : Vénus avec ses attributs, une Vénus céleste, une Vénus triomphante, un Hermaphrodite, une Amazone, Mars armé, etc.

Dans la troisième : il y a un Hercule, Bacchus et des Bacchantes ; un Faune jouant de la flûte dorique ; les douze travaux d'Hercule représentés par une multitude de petites statues ; un Génie donnant de l'ambroisie à Bacchus.

Quatrième case : La Victoire, la Fortune, des Génies, des divinités

Égyptiennes, parmi lesquelles un beau Sérapis, et Isis couronnée avec un disque, tenant Horus sur ses genoux.

Cinquième case : Très-belle collection de divinités Étrusques.

Sixième case : Portraits d'hommes et de femmes, fragments de statues d'un grand charme d'exécution, et un petit squelette.

Septième case : Animaux de plusieurs espèces qui ont servi pour des sacrifices et des offrandes ; symboles et insignes militaires ; un hippogriffe, une chimère, un taureau avec une tête d'homme, une aigle romaine qui a appartenu à la vingt-quatrième légion et une main ouverte appelée par les Romains Manipulus.

Huitième case : Instruments pour les sacrifices, autels et trépieds, un sistre curieux, une couronne murale, etc.

Neuvième case : Candélabres et lampes.

Dixième case : Casques, éperons, mors pour les chevaux ; anneaux, bracelets, boucles d'oreilles, tous en or ; miroirs de métal blanc et aiguilles faites avec des poils.

Onzième case : Anciennes inscriptions gravées sur bronze, un manuscrit sur cire presque entièrement effacé ; poids romains et balances.

Douzième et treizième cases : Ustensiles de cuisine, un disque en argent sur lequel est représenté Pavius Ardaleurius, qui fut consul de Rome en 312 avant Jésus-Christ.

Enfin dans la quatorzième case : Il y a des serrures, des clefs et quelques monuments des chrétiens primitifs, parmi lesquels est une lampe en forme de bateau avec une figure de saint Pierre à la poupe.

Dans le milieu de ce cabinet, on voit quelques sculptures : la tête d'un cheval, un orateur avec des caractères étrusques gravés sur sa robe ; cette belle statue a été trouvée près du lac de Pérouse ; une Chimère, avec des caractères étrusques gravés sur une de ses jambes ; elle a été trouvée près d'Arezzo ; une statue étrusque représentant un génie ou peut-être un Bacchus, trouvée à Pesaro ; une Minerve endommagée par le feu, mais très-belle; sur son casque est un dragon, symbole de la vigilance et de la prudence; cette statue a été trouvée près d'Arezzo, et un de ses bras a été restauré; derrière la Chimère est un torse et près d'elle un trépied, que l'on suppose avoir appartenu à un temple d'Apollon. Ce cabinet contient aussi quatre bustes trouvés dans la mer, près de Livourne ; ils paraissent appartenir à l'école grecque ; l'un d'eux ressemble à Homère.

Nous passons dans une salle dite salle de Niobé. A l'extrémité supérieure de ce magnifique salon est le célèbre groupe de Niobé et de son plus jeune enfant, que l'on suppose avoir été fait par Scopa, et qui est généralement considéré comme l'effort le plus magnifique du ciseau grec dont l'Italie puisse se vanter ; il n'est pas cependant dans son intégrité, car l'une des mains de la mère et l'un des pieds de l'enfant ont été restaurés. Autour de la salle sont les statues des autres enfants de Niobé, qui semblent être l'ouvrage de plusieurs artistes. La fille qui vient immédiatement après Niobé, sur la gauche, est une statue admirablement exécutée ; la statue opposée a beaucoup de mérite ; le fils mort est admirable de pose ; mais, en considérant la Fable, on peut s'étonner que le sculpteur l'ait placé sur un coussin. Deux filles, de chaque côté de Pedagogus, et la troisième statue à gauche de la porte d'entrée, ont beaucoup de mérite. Nous regrettons beaucoup que ces chefs-d'œuvre de l'art ne soient pas disposés de manière à s'accorder avec le sujet.

La seconde statue à gauche de la porte d'entrée est une Psyché qui n'a rien de commun, ce nous semble, avec le tragique sujet de Niobé ; elle n'a été placée là, nous dit-on, que pour orner l'appartement, ainsi que celle d'un adolescent agenouillé et en apparence blessé. Sur les murs de cette même salle sont placés quelques tableaux : la mère de Rubens, de Synders ; une Chasse au sanglier, de Rubens ; plusieurs toiles de Van Dyck, etc.

Dans la salle du Baroccio, on voit des tableaux : Portrait de Marie, reine d'Écosse, par Van Dyck ; une jeune Bohémienne disant la bonne aventure à une jeune femme et l'Adoration de l'enfant Jésus, tous deux par Gherardo delle Noti ; une Bacchante, de Rubens ; un Épisode tiré de l'Arioste, du Guide ; un Homme avec un singe, d'Annibal Carrache ; la Vierge, Jésus-Christ et saint Jean, de Fra Bartolommeo della Porta ; un portrait de Laurent de Médicis, duc de Nemours, d'Alessandro Allori ; la Dispute dans le Temple, de Caravage ; Mars armé, de Guercino ; sainte Marie-Madeleine, de Carlo Dolci ; la Vierge priant Notre-Seigneur de bénir les charitables, appelée la *Madona del popolo*, de Baroccio ; un portrait du sculpteur Francavilla, de Porbus ; une Vierge, de Sasso-Ferato ; une Tête de saint Pierre en pleurs, de Lanfranc ; le Martyre de saint Étienne, de Cigoli ; saint Clovis des Cordeliers, de Carlo Dolci ; Élisabeth, duchesse de Mantoue, d'Andrea Mantegna ; l'Enfant Jésus avec les anges, par l'Albane, et la Vierge avec l'enfant Jésus, que l'on suppose avoir été dessinée par Léonard de Vinci et peinte par Bernardino Luini.

Dans le cabinet des inscriptions grecques et latines, des monuments égyptiens, nous voyons deux divinités égyptiennes en basalte, des monuments funéraires, une statue seulement commencée, représentant Brutus, par Michel-Ange, et au-dessus, le premier ouvrage de ce puissant artiste, une tête de satyre, exécutée quand il n'avait encore que quinze ans, et qui lui valut son entrée à l'Académie platonique.

Nous examinons dans ce cabinet les bustes d'Euripide, de Démosthènes, d'Aratus, de Pythagore, de Sapho, d'Alcibiade, de Sophocle, d'Aristophane, de Platon, d'Homère, de Sénèque, d'Ovide, de Solon, d'Anacréon, d'Hippocrate, etc.

Le cabinet suivant renferme des portraits de peintres, en majeure partie faits par eux-mêmes. Au centre de cette salle est le célèbre vase de la villa Médicis, orné de bas-reliefs représentant le sacrifice d'Iphigénie. Le plafond a été peint par Pietro Dandini ; sur les murs sont les portraits de Raphaël, Léonard de Vinci, Michel-Ange, Titien, la famille des Carrache, du Dominiquin, de l'Albane, du Guerchin, du Guide, Van Dyck, Velasquez, Rembrandt, Charles Lebrun, Vander Werf jeune, tous faits par ceux dont ils offrent les traits ; celui de Léonard de Vinci est surtout remarquable.

La salle qui communique avec ce cabinet contient aussi des portraits de peintres ; le plafond a été peint par Bembucci, et au centre se trouve une table magnifique en mosaïque florentine ; sur les murs sont les portraits de Mengs, Angélique Kauffmann et madame Lebrun. Il y a aussi un buste de madame Damers, exécuté par elle-même.

Dans le cabinet des peintures de l'école vénitienne, il y a deux salles renfermant des chefs-d'œuvre : un Homme la main posée sur un crâne, du Titien ; portrait de Sansovino, du même artiste ; portrait d'un vieillard, de Monroë ; le Christ mort, de Giovani Bellino ; une tête espagnole, de Monroë ; la Vierge, le Christ et saint Jean, du Titien ; Vénus avec sa suite et Adonis mort, de Bonvicino ; portraits de François, duc d'Urbain, et de sa femme, du Titien ; quatre têtes, de Paul Véronèse ; Pâris Bordone, Tiberio Tinelli et Campagnola ; deux chiens, de Bassano ; portrait de Giovani de Médicis, père de Cosme Ier, du Titien ; les Noces de Cana, du Tintoret ; portrait d'un homme vêtu de noir, avec des cheveux rouges, de Bordone ; la Vierge, le Christ et sainte Catherine qui lui offre une grenade, par Titien ; portrait d'une femme avec des fleurs, appelée ordinairement la Flora, du même maître ; un crucifiement, de Paul Véronèse ; portrait de Sansovino dans sa vieillesse, du Tintoret ; portrait d'un chevalier de Malte, de Giorgione ; enfin, portrait d'un géomètre, de Palma Vecchio.

Dans le corridor de la sculpture moderne, nous admirons les bas-reliefs de Lucca de la Robbia ; ils sont étonnants de vérité ; nous remarquons aussi quelques œuvres du Donatello et de Rosellino ; mais ce qui frappe le plus notre attention, c'est une Madone de Michel-Ange, qui a jeté dans cette œuvre un soufffe de son puissant génie.

Le cabinet des pierres précieuses est orné de belles colonnes d'albâtre oriental et de vert antique ; il contient une collection très-précieuse de médailles, de pierres fines, etc., avec une table mosaïque de Florence, qui a été exécutée dans l'enfance de l'art, et qui représente le port de Livourne.

Nous entrons dans le cabinet des peintures de l'école française; les plafonds de cette salle et de celles qui y communiquent ont été peints par l'école de Poccetti. Nous ne voyons de remarquable qu'un Thésée soulevant la pierre énorme sous laquelle son père avait caché l'épée qu'il devait porter à Athènes, par Nicolas Poussin, puis une Vénus et Adonis, du même maître.

Dans le cabinet des peintures de l'école flamande, nous remarquons le buste d'un homme couvert de fourrures, par Denner; un Paysage, de Paul Brill; un autre, de Claude Lorrain; l'Intérieur d'une église, par Peterneff, et l'Intérieur d'une prison, où l'artiste a représenté la mort de Sénèque, par le même Peterneff.

Le cabinet des peintures de l'école hollandaise vient ensuite; il contient un Maître d'école apprenant à lire à un enfant, par Gérard Dow; neuf tableaux, par Francis Miéris, savoir : un Charlatan faisant des tours; un vieil Amoureux auprès de sa maîtresse; un Homme assis à une table, avec une bouteille de bière, ayant près de lui un homme et une femme endormis; le portrait du fils de Miéris; son propre portrait; le même, dans une autre attitude; une Femme endormie et deux autres figures; la Famille du peintre, et un paysan coupant du pain tandis que sa femme boit de la bière. Dans ce même cabinet, on remarque un Jugement de Salomon, par Van der Weff, et le Sauveur dans sa crèche, par le même artiste.

Le cabinet des peintures de l'école italienne contient la Tête de Méduse, par Caravage; le buste de la Vierge pressant le Sauveur sur son sein, par Carlo Cignani; l'Enlèvement d'Europe, par l'Albane; le Massacre des Innocents, par Dosso Dossi; la Vierge, le Seigneur et saint Jean, par Schidone; le même sujet, par Vasari; même sujet, par le Guide; Jésus rompant le pain, par Palma Vecchio; un Paysage, par Salvator Rosa, et une Annonciation, par Garofalo.

La salle octogone désignée sous le nom de Tribune est une des merveilles de l'Italie ; elle a été construite sur les dessins de Buontalenti, et pavée avec des marbres précieux. Elle contient d'admirables échantillons de sculpture et de peinture.

Là, nous voyons la fameuse Vénus de Médicis, qui fut trouvée dans la villa Adriana, et que l'on suppose être l'ouvrage de Praxitèle ou de Cléomène, ainsi que le porte l'inscription moderne. Près de la Vénus, est l'Apollon, attribué, lui aussi, à Praxitèle ; le Faune dansant qui vient ensuite est évidemment une production des meilleurs temps de la peinture antique ; il a été admirablement restauré par Michel-Ange ; l'*Arrotino*, ou le *Rotateur*, ou encore le Rémouleur, a été trouvé à Rome au seizième siècle ; ce marbre représente un Esclave scythe au moment où il s'apprête à écorcher Marsyas sur l'ordre d'Apollon ; les *Lottatori*, ou les Lutteurs, groupe qui fut trouvé avec la Niobé, termine la série des sculptures placées au milieu de la Tribune.

Quant aux peintures contenues dans cette salle, elles sont admirables, et il faudrait les citer toutes ; je noterai seulement les plus remarquables d'entre les remarquables : l'Épiphanie, par Albert Dürer ; Endymion endormi, par le Guerchin ; une Sibylle, due au même pinceau ; une sainte Famille, par Michel-Ange, rare tableau de chevalet du grand artiste ; il est peint en détrempe et verni ; voici comment le décrit M. Louis Viardot, dans son ouvrage sur les musées d'Italie :

« Il (ce tableau) réunit, dans une forme ronde, la Vierge agenouillée, « qui présente, par-dessus son épaule, l'enfant Jésus à saint Joseph, et sur « les derniers plans, des figures nues, comme sortant du bain. Il fut fait « pour un certain gentilhomme de Florence nommé Agnolo Doni, lequel « ayant d'abord trouvé trop élevé le prix fixé par Michel-Ange (soixante- « dix écus) s'empressa d'en donner le double, que lui demanda fièrement « l'auteur, dans la crainte que celui-ci n'augmentât encore la valeur de « son œuvre. C'est un sujet tourmenté, un pêle-mêle de têtes et de bras,

« du plus hardi dessin, sans doute, et même d'une grande finesse d'exé-
« cution, mais auquel ses contours durs et son coloris sec enlèvent tout
« charme et tout agrément. »

Nous remarquons encore Vénus et l'Amour, par Titien ; une autre Vénus avec des fleurs dans sa main droite, et ayant un chien à ses pieds, du même artiste ; une sainte Famille avec la Madeleine et le prophète Isaïe, par Parmigiano ; trois tableaux, savoir : la Circoncision, l'Adoration des Mages et la Résurrection, par Mantegna ; la Vierge, le Christ, saint Francesco et saint Jean l'Évangéliste, par Andréa del Sarto ; la Vierge en contemplation, par le Guide ; le Massacre des Innocents, par Daniello da Volterra ; le portrait du cardinal Agucchia, par le Dominiquin ; la sainte Famille et sainte Catherine, par Paul Véronèse ; une Bacchante et un satyre, par Annibal Carrache ; saint Jérôme, par Spagnoletto ; la Vierge, Jésus et des saints, par le Pérugin ; six tableaux, de Raphaël : un portrait de Maddalena Doni, dame florentine, dans sa première manière ; deux saintes Familles, dans sa manière perfectionnée, quoique tenant encore de l'école du Pérugin ; saint Jean dans le désert, un portrait du pape Jules II, et un autre de la Fornarina, célèbre par son attachement pour Raphaël, tous trois peints dans sa manière tout à fait perfectionnée.

Plus loin, un portrait de Jean de Montfort, par Van Dyck ; un autre de Charles-Quint, du même artiste ; la Fuite en Égypte, la Vierge adorant l'enfant Jésus, et le décollement de saint Jean, par le Corrége ; une Vierge et l'enfant Jésus, par Jules Romain ; Hercule entre le vice et la vertu, par Rubens.

L'œil est ébloui lorsqu'on se trouve dans la Tribune face à face avec ces chefs-d'œuvre de l'art ; les plus grands noms de la peinture et de la sculpture y sont représentés par leurs œuvres les plus fameuses, et au-dessus de ces personnalités célèbres, plane le grand nom de Michel-Ange ; vigueur, audace, génie, il résume tout ce que l'art a de plus magnifique ; Raphaël, plus tendre, plus gracieux, vient après lui, et l'œuvre vers laquelle on se sent le plus attiré, c'est la Fornarina, « audacieuse figure à la chaude carnation, à la riche poitrine, à la noire prunelle, au regard profond, qui porte fièrement digne et impassible une triple couronne de jeunesse, de force et de beauté. »

Raphaël a divinisé celle qu'il aimait, et cela à l'exemple de Pétrarque et de Dante, à l'exemple de tous les artistes, de tous les poëtes; la fille du boulanger du Transtevère n'avait pas cette noblesse d'attitude, cette finesse de traits, ce regard chargé d'électricité; nous retrouverons ce portrait à Rome, et nous verrons qu'il diffère sous beaucoup de points de celui de la Tribune.

Le cabinet des peintures de l'école toscane contient de nombreux tableaux, parmi lesquels je ne citerai qu'une Adoration des Mages, de Léonard de Vinci, belle composition et ébauche très-curieuse pour l'étude des procédés du grand artiste.

Dans le cabinet de l'Hermaphrodite, nous voyons un buste colossal de Junon, une tête gigantesque de Neptune; un Hermaphrodite, sculpture grecque, qui rappelle assez bien celle que nous possédons au Louvre; Brutus, par Michel-Ange, œuvre pleine d'énergie, qui n'est malheureusement pas terminée, et sous laquelle on a gravé ce distique :

> Dum Bruti effigiem sculptor de marmore ducit,
> In mentem sceleris venit et abstinuit.

Nous en avons terminé avec la galerie des Médicis, nous allons visiter le palais Pitti. C'était la résidence habituelle du grand-duc; il est situé au delà de l'Arno, entre la place de' Pitti et le jardin des Offices; il a été commencé d'après les dessins de Filippo Brunellesco, le plus célèbre architecte du quinzième siècle, et fini par Ammanati.

« Ce palais, dit M. Viardot, que sa riche galerie rend célèbre dans le monde entier, est curieux encore par son origine et par sa forme aussi singulières l'une que l'autre. Ce fut un simple commerçant florentin, Lucca Pitti, qui, vers 1440, eut l'idée de se bâtir une habitation plus belle que le palais du gouvernement. A la vérité, il se ruina dans cette entreprise un peu folle, qui fut achevée avec les dons volontaires de ses confrères, les marchands de Florence. Léonore de Tolède, ayant acheté ce palais de Bonnacorso Pitti, moyennant neuf mille florins d'or, l'apporta, en 1549, aux Médicis, qui, depuis lors, y établirent leur résidence, et la dynastie autrichienne, qui les a remplacés dans le gouvernement de la Toscane, les remplace aussi comme hôtes du palais. Cet édifice singulier fut bâti sur les dessins du grand Brunelleschi. L'Ammanato y ajouta la belle cour intérieure, et dans le dix-septième siècle, Giulio Parigi éleva les deux ailes qui donnent maintenant à la façade du palais un développement d'environ cent soixante mètres. Cette façade est construite non pas en pierres de taille, ce mot serait bien insuffisant, mais en blocs énormes taillés à bossage dont plusieurs dépassent huit mètres de long. C'était, dans le moyen âge, le genre de construction de Florence, la ville aux guerres intestines, où chaque maison devait être une citadelle ; mais ce genre est encore exagéré dans le palais Pitti, ce qui lui donne l'air d'un édifice étrusque ou même d'une construction cyclopéenne, et l'on est étonné de voir dans cette muraille que les siècles auraient dû mettre en ruine des fenêtres modernes ornées de balustrades et de rideaux. En somme, c'est la plus belle forteresse que puisse habiter un souverain de notre époque. »

M. Quatremère de Quincy dit : « On peut présumer que le goût de construction colossale de l'Étrurie moderne fut une tradition du goût de l'ancienne Étrurie, comme aussi qu'aux deux époques, le genre de matériaux qu'offrent les carrières d'où l'on extrait la pierre dans ce pays aura naturellement porté les constructeurs à un emploi de blocs vraiment gigantesques. Les ruines de Fiesole donnèrent à Florence les premières leçons en ce genre, et les restes encore existants des murailles de quelques villes étrusques furent des exemples trop frappants pour ne pas inviter à les imiter. Il est présumable que l'emploi d'énormes bossages qui dominent dans l'architecture des modernes toscans fut accrédité par de plus anciennes pratiques. Ce goût était déjà établi avant Brunelleschi. Lui-même en avait encore vu à Rome dans beaucoup de monuments antiques d'insignes modèles. — Il faudrait sans doute toute la grandeur qu'on admire dans cette masse, toute la fierté et l'énergie qui y dominent, pour faire pardonner de pesantes monotonies inséparables de ce genre dans une façade qui, ayant quatre-vingt-dix toises de longueur, n'est percée que de vingt-trois croisées. — On voit qu'à cette époque le goût de l'architecture antique, de l'emploi de ses ordres et de ses ornements, n'était pas encore entré dans les inventions de ses bâtiments civils. »

Dans le quadrangle du palais, est un bas-relief représentant le Mulet qui a constamment traîné une petite charrette portant les matériaux employés dans la construction, et au-dessus de ce bas-relief est une statue d'Hercule attribuée à Lysippe.

Au rez-de-chaussée, est une chapelle dans laquelle se trouve un bel autel en mosaïque de Florence, avec la Cène, exécutée en pierre dure au centre. Le plafond et les murs sont ornés de fresques, dont la meilleure semble être celle qui représente le Crucifiement. Le rez-de-chaussée contient aussi de belles fresques de Sebastiano Ricci et Giovanni da san Giovanni.

Au premier étage, se trouve la galerie des tableaux ; elle en contient plus de cinq cents, tous remarquables ; je m'abstiendrai de les mentionner ici ; je ne parlerai que des plafonds, qui sont fort beaux. Celui de la salle de Vénus représente Minerve qui enlève à Vénus un jeune homme (figurant Cosme Ier), et le conduisant à Hercule, en même temps que le génie de la guerre lui montre la couronne de laurier à laquelle il doit aspirer ; c'est l'œuvre de Pietro Cortona ; pendant que cet artiste travaillait à ce plafond, Ferdinand III, qui était venu le visiter, témoigna une grande admiration pour un enfant les yeux noyés de pleurs : « Voyez, répliqua le peintre, avec quelle facilité on fait rire ou pleurer les enfants! » En disant cela, il donna un coup de pinceau : l'enfant parut rire, et d'un autre coup de pinceau il lui rendit sa première figure.

Le plafond de la salle d'Apollon représente un Adolescent, figurant toujours Cosme Ier, inspiré du génie poétique, et Apollon lui montrant le globe céleste, afin qu'il en puisse chanter les merveilles.

Sur le plafond de la salle de Mars, on voit Cosme Ier sous la figure d'un jeune guerrier s'élançant d'une barque et combattant avec sa lance, tandis que Mars, pour le favoriser, éblouit ses ennemis par un éclair de son tonnerre.

C'est dans cette salle que nous avons le bonheur d'admirer une des plus belles œuvres de Raphaël, la Vierge à la chaise : « Trois personnes, dit M. Viardot, sont réunies, sont pressées dans un étroit cadre rond, et malgré cette difficulté prodigieuse, que Raphaël sans doute ne cherchait point, et qui lui était imposée par une commande, l'arrangement est si naturel, si gracieux, si parfait, qu'on pourrait le supposer du choix de l'artiste, et qu'au lieu d'y trouver la moindre raideur, le moindre embarras, comme dans les difficultés vaincues, on y sent toute l'aisance et toute la naïveté d'une création spontanée ; saint Jean, relégué un peu dans l'ombre, adore timidement, humblement, celui dont il se contentera d'être le précurseur. L'enfant Jésus, en qui éclatent l'intelligence et la bonté, mais qui paraît un peu pâle et souffrant, sourit avec tristesse. Il me semble qu'on lit déjà dans l'ineffable expression de son visage le sentiment de la victime résignée à un sacrifice, qui laissera parmi les hommes qu'elle aura sauvés plus d'ingratitude encore que de reconnaissance et d'amour. Quant à la Vierge, penchée et comme arrondie sur le corps de son enfant, qu'elle serre entre ses bras, mais détournant le regard et le portant sur le spectateur, elle s'éloigne manifestement du type ordinaire des Vierges de Raphaël et de toute l'école qui l'avait précédé. C'est la seule de ses Madones qui ne baisse point les yeux, qui les jette autour d'elle et les fixe sur d'autres yeux. Moins modeste, moins virginale que la Vierge du grand-duc, et que la Vierge au chardonneret, mais plus belle encore et parée d'étoffes riches et brillantes, elle est le modèle de la beauté idéale, non pas à la façon des chrétiens, mais plutôt à la façon des Grecs. C'est ainsi que je me représente cette Vénus Anadyomène d'Apelles qu'on allait voir de toute la Grèce, comme la Vénus de Phidias au temple de Gnide. Raphaël a peint là une Vénus chrétienne. C'est la plus vive et la plus profonde irruption qu'avec lui l'art ait faite dans la religion, dans le dogme, traité désormais avec plus de liberté, d'indépendance, et comme une sorte de mythologie que l'artiste interprète et rend à sa guise. »

Si j'ai donné ici cette appréciation de M. Louis Viardot, c'est qu'elle rend parfaitement les impressions que nous a laissées la vue de ce chef-d'œuvre, un des plus brillants joyaux de la collection innombrable de tableaux que possède l'Italie.

Le plafond de la salle de Jupiter représente Cosme Ier conduit dans l'Olympe par Hercule et la Fortune, pour y recevoir la couronne de l'immortalité. Un génie tient ses mains devant les yeux du héros, pour éviter qu'ils ne soient éblouis par la splendeur du maître du tonnerre, et un autre génie présente l'armure du jeune homme, percée de javelots, à la déesse de la Victoire, qui grave son nom sur un bouclier : on suppose qu'elle n'a encore fait que commencer, et qu'elle n'a encore écrit que l'initiale du mot Médicis. Les fresques, en forme d'éventail, représentent les emblèmes de la paix, c'est-à-dire Minerve plantant un olivier, Mars monté sur Pégase, Castor et Pollux avec leurs chevaux, Vulcain se reposant dans sa forge, Diane endormie au retour de la chasse. Apollon, le dieu des arts, et Mercure, le dieu du commerce et des richesses, figurent dans ces emblèmes. En même temps, le général des vaincus est représenté comme faisant de vains efforts pour briser ses chaînes, en quoi il est aidé par la Discorde, portant à la main une torche pour rallumer les flambeaux de la guerre.

Dans le plafond de la salle d'Hercule, ce héros est sur le bûcher funéraire; au-dessus est son apothéose; Mars et la Prudence le conduisent dans l'Olympe, où il reçoit la couronne de l'immortalité.

En descendant du palais Pitti, nous nous promenons dans le jardin Boboli; il est très-vaste et renferme plusieurs morceaux de sculpture dont les plus remarquables sont deux prisonniers daces en porphyre oriental; à l'entrée, il y a une Cérès colossale, et à l'extrémité de l'allée principale, nous voyons une fontaine décorée d'un gigantesque Hercule placé sur un bassin de granit de plus de vingt pieds de diamètre, avec le Nil, le Gange et l'Euphrate au-dessous, puis un Neptune en bronze et quatre statues non terminées; ces dernières sont de Michel-Ange; le Neptune est de Lorenzi, et les fleuves de Jean de Bologne.

Le musée d'histoire naturelle formé par le grand-duc Léopold est le plus beau muséum qui existe sous le rapport des pièces anatomiques en cire et en bois, des pétrifications et des minéraux. Les plantes grasses lactescentes et spongieuses, que l'on ne peut conserver par les procédés ordinaires, sont merveilleusement représentées en cire pour compléter la partie botanique de cette belle collection. Toutes les préparations anatomiques en cire et en bois ont été exécutées sous les ordres du chevalier Fontana, à l'exception de la fameuse représentation de la peste, qui a été faite par l'abbé Lumbo, du temps des Médicis, et qui est si douloureusement belle que peu de personnes en peuvent soutenir l'examen.

Cette pièce capitale doit la place qu'elle occupe maintenant au chevalier Giovanni Fabbroni, qui n'a pas essentiellement contribué au perfectionnement du muséum, mais à celui des sciences et des arts en général.

Au rez-de-chaussée est un laboratoire. Au premier étage, il y a deux chambres remplies de grands quadrupèdes, de poissons, etc., une bibliothèque, des salles destinées à la mécanique, à l'hydraulique, à l'électricité et aux mathématiques, avec un jardin botanique.

Au second étage, se trouvent vingt chambres contenant la représentation de la peste et des préparations anatomiques; toutes peuvent être évitées par les personnes qui ne veulent pas les voir.

Dans une autre suite d'appartements, au même étage, sont des oiseaux, des poissons, des reptiles, des insectes, des coquilles, des fossiles, des minéraux, des plantes en cire, etc.

L'Observatoire fait partie du muséum, qui est ordinairement ouvert au public, les fêtes exceptées, depuis huit heures jusqu'à midi, et de nouveau, dans l'après-midi, depuis trois jusqu'à cinq. Du haut de l'Observatoire, on plane sur Florence et ses édifices, et lorsque nous sommes sur cette plate-forme, on nous cite ces vers de l'Arioste, appliqués à la circonstance :

> A veder pien di tante ville i colli,
> Par che il terren ve le germogli come,
> Vermene germoglear suole e rampolli;
> Se dentro a un mur sotto un medesmo nome
> Fusser racolti i tuoi spalaggi sparsi,
> Non te sarian da paregiar due Rome,

que je traduis en français par ces mots :

« En voyant tant de villes et de collines, tant de sources jaillir à
« chaque pas, une végétation aussi luxuriante, tant de palais épars au
« milieu des jardins, on ne peut que te comparer à Rome, la ville im-
« mortelle. »

Nous commençons notre visite aux églises par *Santa-Maria del Fiore* ou le *Duomo ;* elle a été commencée vers l'année 1294 par Arnolfo, et finie vers l'année 1445 par Brunellesco; sa longueur est de cent quarante-deux mètres, ou quatre cent vingt-six pieds toscans, et sa largeur de cent vingt et un mètres, ou trois cent soixante-trois pieds. La coupole a été achevée par ce dernier architecte, qui s'est acquis par cet ouvrage un honneur immortel.

La lanterne dessinée par Brunellesco est en marbre solide et bien sculpté. Les marbres extérieurs de cette vaste église sont incrustés en marbre noir et blanc poli; le pavé est en marbre, et les balustrades et les colonnes qui entourent la tribune ont été dessinées par Michel-Ange, et ornées de bas-reliefs par Bandinelli et Giovanni dell' Opera.

Vers la *via de' Servi*, au-dessus d'une porte d'un travail précieux, est une Annonciation en mosaïque, appelée par les anciens *Lithostratum*, et exécutée par Ghirlandajo; un autre échantillon du même genre est placé en dedans de l'église, au-dessus de la grande porte.

Au-dessus de la porte du sud, est un groupe de la Vierge et de Jésus-Christ entre deux anges, par Giovanni Pisano. A l'extrémité supérieure du chœur, est un Crucifiement, par Benedetto da Masano; derrière le maître-autel, une *Pieta* en marbre, qu'on nous dit avoir été le dernier ouvrage de Michel-Ange, et que la mort l'a empêché d'achever. Sur l'autel, sont trois statues par Bandinelli, représentant Dieu le Père, Dieu le Fils et un ange.

Cet édifice contient des statues, des portraits et des monuments des personnages célèbres de la république florentine.

A droite, près de la grande porte, est un buste de Brunellesco; immédiatement après celui-ci, un buste de Giotto; plus loin, se trouvent Pietro Farnèse, général des Florentins, et Marsilio Ficino, le restaurateur de la philosophie platonique, homme autant remarquable par son instruction que par la petitesse de sa stature.

Près de la porte qui conduit à la *via de' Servi*, est un ancien portrait du Dante, le père de la poésie italienne, dont cependant la tombe est à Ravenne, où il mourut en exil. Ce portrait a été fait par Andrea Orcagna, et les Florentins vénèrent tant la mémoire du Dante, que la place où il s'asseyait, dans la *Piazza del Duomo*, est soigneusement marquée par une pierre blanche.

Près de ce grand poëte, est un portrait de Giovanni Acuto, le général pisan, et un autre de Niccolo da Tolentino. Au-dessus du premier de ces portraits, se trouve une inscription qui porte que Acuto était un chevalier anglais. Dans la chapelle de Saint-Zenobio, est un ciboire en bronze, par Ghiberti ; la porte de la sacristie a été exécutée par Lucca della Robbia ; dans cette sacristie, nous voyons le méridien de l'église, qui est, nous dit-on, le plus grand instrument astronomique de toute l'Europe.

Le Campanile ou clocher est une tour quadrangulaire de marbre noir, blanc et rouge, faite d'après le dessin du Giotto, et commencée en 1334. Elle a environ quatre-vingt-dix mètres de hauteur ; c'est le plus bel édifice de cette espèce qu'il y ait dans toute l'Italie. Les quatre statues sur le côté le plus rapproché du baptistère sont de Donatello, et l'une d'elles, appelée par son auteur sa *Zuccone* ou tête chaude, était préférée par lui à tous ses ouvrages, en partie à cause de la beauté de la sculpture, et en partie parce qu'elle ressemblait à un de ses amis. Les autres statues sont de Nicolo, Aretino, Andrea Pisano, Giottino et Lucca della Robbia.

San-Giovanni, ou le baptistère, que l'on suppose avoir été dans l'origine un temple de Mars, est de forme octangulaire, avec un toit qui ressemble un peu à celui du Panthéon. Les murs extérieurs sont incrustés de marbre poli, et les deux portes en bronze faites par Ghiberti, sur les dessins d'Arnolfo, et qui étaient anciennement dorées, sont d'une beauté si remarquable, que Michel-Ange avait coutume de dire qu'elles étaient dignes d'être les portes du Paradis.

L'autre porte a été exécutée par Andrea Pisano, d'après les dessins du Giotto. Les bordures et les festons qui entourent les deux premières portes sont du fils de Ghiberti Bonacorsa ; les bas-reliefs représentent des histoires de l'Écriture sainte.

A l'extérieur du baptistère, est un groupe célèbre en bronze, de F. Rustici, qui représente saint Jean-Baptiste avec un Scribe et un Pharisien.

Les deux colonnes de porphyre, sur les côtés de l'entrée principale, furent offertes par les Pisans aux Florentins, par reconnaissance de ce que ces derniers avaient gardé Pise pendant que ses habitants étaient occupés de réduire Majorque et Minorque, et les chaînes suspendues que nous voyons en cet endroit, et dans d'autres parties de la ville, sont des trophées acquis par les Florentins, quand ils firent la conquête de l'ancien *Porto Pisano*.

L'intérieur du baptistère est orné de seize immenses colonnes de granit qui soutiennent une galerie. Entre ces colonnes, sont des statues représentant les douze apôtres, la loi de nature et la loi écrite, le tout par Ammanati, à l'exception de saint Simon, dont la statue, ayant été brisée, a été refaite par Spinnazi.

Le maître-autel est orné d'une statue de saint Jean-Baptiste porté au ciel par des Anges ; ce groupe et les ornements de la chaire sont de Ticciati. Au plafond, il y a des mosaïques par Apollonius, artiste grec, Andrea Teffi, Gaddo Galdi, etc.

Le pavé est en majeure partie en mosaïque ancienne, et dans une seule de ses parties, il représente le soleil avec les douze signes du zodiaque. En mosaïque ancienne aussi, on voit l'inscription suivante, qui peut être lue également d'avant en arrière ou d'arrière en avant :

In gyro torte sol ciclos et rotor igne.

La *Chiesa de San-Marco*, appartenant aux pères Dominicains, est un bel édifice orné de bonnes sculptures et de peintures précieuses. A la droite de la grande porte, nous remarquons un Crucifiement, par Santi di Tito ;

la Vierge, le Sauveur et les saints, par Fra Bartolomeo, et une ancienne mosaïque, représentant la Vierge, etc.

La coupole de la tribune a été peinte par Allessandro Ghirardini, et derrière le maître-autel est un tableau de la Cène, par Sacconi. A droite de la tribune est la chapelle Serragli, dont le plafond a été peint par Poccetti. On trouve également ici un tableau de la Cène, par Santi di Tito, et le souper d'Emmaüs, par le chevalier Curradi.

Plus loin, est la chapelle Salviati, complétement incrustée en marbre, et qui renferme un tableau par Allessandro Allori, représentant le Retour du Sauveur, revenant des Limbes; une statue de saint Jean-Baptiste, exécutée d'après les dessins de Jean de Bologne, par Francavilla ; des bas-reliefs en bronze, exécutés, toujours d'après les dessins de Jean de Bologne, par Portigliano; une coupole peinte par Allessandro Allori ; deux peintures représentant l'exposition et la translation de saint Antoine, par Papignano, et sous la voûte de la chapelle, saint Antoine en marbre, par Jean de Bologne.

En descendant vers la grande porte de l'église, est un tableau par Cigoli, représentant l'empereur Héraclius en habit de pénitent, et portant la croix; une belle copie faite par Gabbiani de la célèbre peinture de Fra Bartolomeo représentant la Vierge, le Christ et sainte Catherine; saint Vincenzio Ferreri prêchant le peuple, et la Transfiguration, par Paggi.

Le plafond de la nef a été peint par Pucci, et la ceinture de l'orgue par Gherardini. C'est dans cette église que sont enterrés deux hommes célèbres, Angelo Poleziano et Pic de la Mirandole, tous deux fameux pour leur science; ce dernier n'était pas seulement appelé « le Phénix des sciences, » Scaliger dit que c'est « *un prodige, un homme sans défauts.* » Tous deux moururent en 1494.

La sacristie de Saint-Marc contient une statue de notre Sauveur, par Antonio Novelli, deux bas-reliefs, par Conti, et au-dessus de la première porte, en dedans, un tableau par Beato Giovanni Angelico. La bibliothèque est riche en manuscrits ; les cloîtres sont ornés de fresques par B. G. Angelico Poccetti, Fra Bartolomeo, Carlo Dolci, etc. Près du jardin est une chapelle peinte par Poccetti, et qui est actuellement la *Spezieria*, où les meilleures essences de Florence se fabriquent.

L'église *della S. S. Annonziata* contient une fresque de l'Annonciation, peinte par un certain Bartolomeo, qui, dit-on, étant embarrassé pour donner à la Vierge une figure convenablement séraphique, s'endormit en pensant à son sujet, et à son réveil le trouva exécuté dans un style auquel il n'aurait pu atteindre ; il s'écria aussitôt : Miracle ! miracle ! et ses compatriotes étaient trop avides de miracles pour ne pas l'en croire sur parole, encore bien que la face de la Vierge ne fût assurément pas assez bien peinte pour qu'on pût l'attribuer à un artiste céleste.

Le vestibule ouvert qui conduit à l'église est orné de plusieurs fresques, parmi lesquelles nous remarquons une Nativité, par Baldovenetti ; *san Filippo Bernzzi* conduit à embrasser la vie monastique, en conséquence d'une vision qu'il a eue, par Rosselli ; *san Filippo* couvrant un lépreux nu avec sa propre chemise, par Andrea del Sarto ; *san Filippo* sur la route de Modène, se trouvant insulté par des jeunes gens assis sous un arbre, la foudre éclate sur l'arbre ; ce tableau est d'Andrea del Sarto, ainsi que ceux-ci : *san Filippo* délivrant une jeune personne du malin esprit ; un enfant mort rendu à la vie en touchant le linceul qui couvrait le corps du saint ; des femmes et des enfants agenouillés autour d'un moine qui porte pour reliques les habits de *san Filippo*. De l'autre côté du vestibule, nous voyons le mariage de la Vierge, par Francabigio ; la visite de Marie chez Élisabeth, par Pontormo, et l'Assomption, par Rossi. Ce corridor contient un buste d'Andrea del Sarto.

L'église de l'Annonciade est chargée d'ornements : il y a au centre du plafond une Assomption, par Volterrano, qui a peint aussi la coupole de la Tribune. Dans la chapelle qui renferme la peinture miraculeuse, est un autel avec bas-reliefs en argent, deux candélabres en argent d'environ six pieds de haut, deux grandes statues d'anges en argent, un ciboire artistement travaillé et orné d'une tête du Sauveur, par Andrea del Sarto ; une corniche en argent d'où pend un rideau du même métal et un nombre immense de lis en argent et de lampes qui entourent l'autel.

Le pavé de cette chapelle est de porphyre et de granit égyptien, et dans l'oratoire qui y est contigu, et dont les murs sont incrustés d'agate, de jaspe et d'autres pierres précieuses, il y a un Crucifix par Antonio di san Gallo.

A la gauche de la grande porte, est un tableau du Jugement dernier, par Allessandro Allori, et un autre du Crucifiement, par Stradano ; le plafond et les lunettes de la chapelle, de ce côté, sont peints à fresque par Volterrano ; il se trouve sur l'autel une ancienne figure très-curieuse de *san Zenobio* et d'autres figures. En face du maître-autel, qui est orné d'un magnifique ciboire en argent, il y a des statues couchées, l'une par San Francesco da san Gallo, l'autre par Giovanni Batista Foggini, et derrière l'autel est une chapelle décorée d'après les dessins et aux dépens de Jean de Bologne, qui y a été enterré, et dont la tombe est ornée de crucifix et de bas-reliefs en bronze, exécutés par lui-même pour le grand-duc, qui leur a donné généreusement et judicieusement cette appropriation.

La chapelle contient un tableau de la Résurrection, par Ligozzi ; une Pieta, par Passignano ; une Nativité, par Paggi, et une petite coupole, par Poccetti.

En descendant du maître-autel, vers la grande porte et du côté opposé à celui que j'ai décrit ci-dessus, est une chapelle peinte par Vincenzio Meucci, et près de là est la chapelle Bandinelli, contenant, en marbre, un Christ mort soutenu par Nicomède ; ce dernier personnage est un portrait de Bandinelli, par qui le groupe a été exécuté.

Dans un corridor à côté de l'église, nous voyons la célèbre fresque appelée la *Madonna del Sacco*, réputée le chef-d'œuvre d'Andrea del Sarto, et sur laquelle on dit que Michel-Ange et Titien avaient constamment les yeux. On rapporte que l'artiste qui exécuta ce chef-d'œuvre le fit au prix d'un sac de blé, au temps d'une famine !

Il y a dans ce corridor d'autres tableaux peints par des artistes éminents, entre autres plusieurs de Poccetti, qui a représenté les actions les plus mémorables des six fondateurs du monastère.

Un autre corridor contient Manetto prêchant devant saint Louis, roi de France, et Innocent IV faisant son neveu protecteur de l'ordre des Servites, tous deux par Rosselli, et la Vierge dans un char, par Salimbeni.

Une autre galerie laisse voir Alexandre IV donnant à la religion le pouvoir d'ériger des monastères par tout l'univers, par Rosselli ; Buonfigliulo renonçant au gouvernement de l'Église, par Poccetti ; trois autres peintures, par Salimbeni, et sur le plafond de petits portraits des illustres Servites ; le réfectoire est orné d'une fresque, par Santi di Tito, et au haut de l'escalier qui conduit au Noviciat est une Pieta, par Andrea del Sarto, qui est regardée comme un de ses meilleurs ouvrages ; ce grand peintre a été enterré dans le vestibule ouvert en avant de l'église.

L'église *di S. Maria Maddalena dei Pazzi* est digne d'attention, à cause de la chapelle de Neri, située sur la gauche du passage qui conduit à l'église. Le tableau d'autel de cette chapelle est de Passagnano, et sa coupole contient le chef-d'œuvre de Poccetti, représentant le séjour des Bienheureux.

Dans l'église est une magnifique *Capella Maggiore* incrustée avec des marbres rares et de grand prix et ornée de douze colonnes en jaspe de Sicile dont les chapiteaux et les bases sont de bronze doré. Ici reposent les restes de *Santa Maddalena de' Pazzi*, entourés de bas-reliefs en bronze doré, qui retracent les faits les plus mémorables de sa vie, et de quatre statues de marbre représentant ses vertus les plus saillantes, savoir : la Piété, la Douceur, la Pénitence et la Religion. La Douceur, avec l'agneau et la colombe, et la Religion, couverte d'un voile, sont particulièrement dignes d'attention, spécialement cette dernière, ses traits vus sous le voile étant bien exprimés.

La coupole est par Pietro Dandini, et les autres peintures par Giro Ferri et Luca Giordano. A droite du maître-autel est une chapelle ornée de fresques, par Sorbolini, artiste encore vivant, et sur la gauche, une autre chapelle également peinte à fresque, par Catani, artiste vivant.

Cette église contient aussi un beau Crucifix en bois, par Buontalenti; le rideau de l'orgue, peint par G. B. Cipriani, qui n'a laissé aucun autre ouvrage à Florence, représente sainte Marie Madeleine recevant la communion des mains de notre Sauveur.

La première chapelle à droite près de la grande porte contient le Martyre de saint Romolo, par Carlo Portelli, que l'on nous dit être le seul tableau qu'il ait jamais peint, et sur le côté opposé de l'église sont la Visitation, par Ghirlandajo; le Christ au jardin des Oliviers, par Santi di Tito, et le Couronnement de la Vierge, par Angelico. La salle du chapitre et le monastère auquel cette église appartient sont embellis par les œuvres de Perugino, Raffaellino del Garbo et autres artistes célèbres.

L'église *di Santa-Croce*, bâtie vers l'année 1294 par Arnolfo, et réparée depuis par Vasari, est un vaste édifice mieux disposé pour favoriser la contemplation religieuse qu'aucune autre église de Florence. Au-dessus de la porte du milieu de la façade est une statue en bronze par Donatello, et à l'entrée de l'église sur la droite est le tombeau de Michel-Ange, qui naquit à Chiusi, près d'Arezzo, en 1474, et mourut à Rome en 1563; le grand-duc de Toscane, jaloux de ce que Rome eût l'honneur de donner la sépulture à cet admirable artiste, ordonna que son corps fût transporté et enterré dans l'église de Santa-Croce. La Sculpture, la Peinture et l'Architecture sont représentées dans l'attitude du deuil, assises au-dessus de la tombe de cet homme de génie, dont le buste repose sur un sarcophage. Une petite peinture exécutée par Michel-Ange a été introduite parmi les ornements du monument. La statue de la Sculpture, de Cioli, est malheureusement mauvaise; l'Architecture, par Giovanni dell'Opera, est plus heureusement exécutée, et la Peinture, par G. Batista del Cavaliere, l'est mieux encore, ainsi que le buste de Michel-Ange, du même artiste.

Près de ce tombeau est celui de Filippo Buonarotti, l'antiquaire; un autre est celui de Pietro Michelli, appelé par Linnée le *Lynx de la botanique*. Un quatrième tombeau contient Vittorio Alfieri; il est de Canova, qui a représenté l'Italie en deuil sur le sarcophage du poëte. Le tombeau est orné de masques, de lyres, de couronnes de laurier et d'une tête d'Alfieri en bas-relief. Les Florentins n'aiment pas la forme de ce monument, la manière dont la figure de l'Italie est drapée ne leur plaît pas non plus, et cette dernière circonstance, jointe aux dernières révolutions publiques, a donné naissance à ce distique :

> Canova questa volta l'ha stagliata
> De l'Italia vestita ed è spogliata.

Le cinquième monument de ce côté est celui de Machiavel, érigé deux cent soixante-six ans après sa mort, aux frais de l'Académie des *Litterati*. Le sixième est celui des *Lanzi*, près duquel est une Annonciation en marbre, par Donatello. Le huitième est celui de Leonardo Bruni Aretino, historien. Ce tombeau porte une inscription latine que l'on peut traduire ainsi :

> DEPUIS QUE LÉONARDO EST MORT,
> L'HISTOIRE EST EN DEUIL, L'ÉLOQUENCE EST MORTE!
> ET L'ON DIT QUE NI LES MUSES GRECQUES
> NI LES MUSES LATINES
> NE PEUVENT SÉCHER LEURS PLEURS!

Le neuvième tombeau est celui de Nardini, musicien fameux, et le dixième celui d'un architecte remarquable, Pio Fantoni de Fiesole.

La chapelle Castellani contient un tableau de la Cène, par Vasari ; un monument à la mémoire du cav. Vanni, et un autre à celle de M. B. Skotnicki, représentant le Chagrin sous la forme d'une figure de femme voilée et portée sur un sarcophage où l'on voit une palette, des pinceaux et une lyre sans cordes. Ce monument est par Ricci, qui est aujourd'hui un artiste distingué, mais qui, il y a quelques années encore, n'était qu'un paysan des terres du marquis de Corsi, près Florence.

La chapelle de Baroncelli contient des peintures sur les murs, par Taddeo Gaddi, et au-dessus de l'autel un tableau du Couronnement de la Vierge, par Giotto. La chapelle des *Riccardi* contient de bonnes peintures par Passignano Roselli et Giovanno di san Giovanni. Derrière le maître-autel, il y a des peintures par Agnolo Gaddi, représentant l'Invention de la sainte Croix.

La chapelle Niccolini, bâtie d'après les dessins d'Antonio Dosio, et richement incrustée de marbres rares, contient de belles peintures par Allessandri Allori ; des statues de Moïse et d'Aaron, par Francavilla, et une coupole peinte à fresque, par Volterrano, où les quatre sibylles des angles sont des chefs-d'œuvre. Cette partie de l'église contient aussi un célèbre Crucifix, par Donatello, ainsi que des peintures du martyre de saint Laurent, par Ligozzi ; la Trinité, par Cigoli, et la Descente du Saint-Esprit, par Vasari.

En revenant vers la grande porte, et à l'opposé des monuments que j'ai décrits plus haut, sont les suivants : d'abord, le tombeau de Cocchio ; celui de Marco Mazzopini ; celui de Carlo Mazzuppini Aretino, bien exécuté, par Desiderio da Settignano ; celui de Laoni, par Foggini ; celui de Pompeio Josephi Signorinio, par Ricci, qui a orné ce sarcophage d'une belle figure couchée de la Philosophie, qui exprime un profond chagrin.

Près de cette tombe est un tableau de la Résurrection, par Santi di Tito, ainsi que le monument du grand Galilée, qui fut si cruellement traité : ce monument a été érigé par ordre de Viviani, son élève. Le buste de Galilée est par Foggini.

L'histoire nous apprend que Galilée fut d'abord enterré dans la *Piazza Santa-Croce*, qui n'est pas un terrain consacré, parce qu'il était suspecté d'hérésie, à cause de ses découvertes philosophiques ; il y a plus, on assure que la famille de' Nelli, exécuteurs testamentaires de Viviani, éprouva quelques difficultés à obtenir la permission de faire transporter ses os dans l'église, près d'un siècle après sa mort.

Au delà de cette tombe est celle de Filicaso. Au fond de l'église est une peinture de la Résurrection, par Allessandro Allori, et la chaire est digne d'attention, parce qu'elle a été exécutée par Benedetto da Majano. La sacristie contient de nombreuses peintures à fresque par Taddeo Gaddi, et dans le monastère de Santa-Croce il y a des peintures par Cimabué et Giotto.

L'église *di San-Lorenzo*, bâtie aux frais d'une dame nommée Juliana, qui vivait sous le règne de l'empereur Théodose, a été consacrée en 392, et rebâtie en 1425 par Brunellesco ; elle contient un maître-autel en belle mosaïque de Florence, fait par ordre du grand-duc Léopold, et qui était destiné pour la chapelle de Médicis : au-dessus de cet autel sont un Crucifix, par Jean de Bologne ; une Madone, par Michel-Ange, et saint Jean, par un de ses écoliers. L'église contient aussi le tombeau de Côme, *Pater Patriæ ;* deux chaires ornées de bas-reliefs en bronze, par Donatello, et un ciboire en marbre, ainsi qu'un enfant Jésus, par Desiderio de Settignano.

La nouvelle sacristie, ou *Capella de' Principi*, dessinée par Michel-Ange, contient le tombeau de Giuliano de Médicis, duc de Nemours et frère de Léon X, orné d'une statue du duc ; une figure du Jour, couchée, une autre de la Nuit, le tout par Michel-Ange.

Le tombeau de Laurent de Médicis, duc d'Urbin, est orné d'une statue de ce prince, le Penserio, avec une figure couchée du Crépuscule, et une autre du Point du Jour, par Michel-Ange aussi. Il y a encore là de ce grand maître un groupe de la Vierge et de l'enfant Jésus, qui, s'il eût été terminé, serait, on peut presque le prévoir, le plus beau de tous ses ouvrages.

L'ancienne sacristie bâtie par Brunellesco contient un tombeau en porphyre, avec des ornements en bronze, fait pour enfermer les restes de Pietro et Giovanni, fils de Côme, *Pater Patriæ*, par Verrochio.

La *Capella de' Medicis*, contiguë à l'église de San-Lorenzo, fut commencée en 1604 par Ferdinand Ier, d'après ses propres dessins. Trois cents ouvriers furent pendant un temps considérable employés à cet édifice ; mais plus tard le nombre en fut diminué, et nous avons déjà vu la famille ducale des Médicis s'éteindre, que dis-je ! nous verrons peut-être le duché lui-même s'anéantir, avant que la dernière main soit mise à ce magnifique mausolée de ses princes [1].

L'édifice est octangulaire, et les murs en sont richement incrustés avec des marbres précieux de presque toutes les espèces. Six côtés de l'octogone sont embellis par des sarcophages de granit égyptien et oriental, faits d'après les dessins de Michel-Ange, et deux d'entre eux sont enrichis par des coussins de jaspe rouge, qui portent des couronnes royales de grande valeur. Il y a encore là deux statues en bronze, dont l'une est de Jean de Bologne, et l'autre de Pietro Tacca. Les sarcophages ne sont que de purs ornements, les princes étant placés perpendiculairement au-dessous, dans un caveau souterrain.

La bibliothèque *Medicco Laurenziana*, l'un des plus beaux établissements de cette espèce qu'il y ait en Europe, a été bâtie sur les dessins de Michel-Ange, par lequel les dessins pour le pavé ont été aussi exécutés. Les croisées sont élégamment peintes en arabesques par les élèves de Raphaël, et les manuscrits qui composent cette bibliothèque sont bien classés, de grande valeur, et plusieurs d'entre eux richement enluminés.

Il y a là un Virgile du troisième siècle, écrit en lettres capitales. — Un Ancien Testament du douzième siècle. — Les célèbres Pandectes pi-

---

[1]. Cette prévision s'est réalisée, chacun le sait. (*Note de l'auteur*, avril 1860.)

sanes, du sixième siècle. — Les Psaumes de David, du deuxième siècle. — Un livre de prières parfaitement enluminé. — Un missel peint par l'école de Pietro Perugino. — Une copie du Dante, écrite vingt-deux ans seulement après sa mort. — Un Tite-Live du quinzième siècle, richement enluminé. — La Géographie de Ptolémée, du quinzième siècle. — Le Décaméron de Boccace, écrit deux ans avant sa mort. — Un Homère du quinzième siècle. — Un Horace où il y a de l'écriture de la main de Pétrarque. — Un célèbre manuscrit syriaque. — La vie de Laurent de Médicis, etc.

L'église de *Santa-Maria Norella*, commencée en 1279 par deux moines dominicains, était tellement admirée par Michel-Ange, qu'il avait coutume de l'appeler sa *Sposa*. Au-dessus de la porte du milieu, à l'intérieur, il y a un Crucifix par Giotto, et à la droite se trouvent les peintures suivantes : une Annonciation, par Santi di Tito ; — la Nativité, par Naldini, et la Résurrection de Lazare, par Santi di Tito. On voit en cet endroit le tombeau de Villana dei Botti, par Stetignano, et une peinture de la Vierge, par Cimabué, que l'on croit être le premier ouvrage qu'il ait fait à Florence ; près de cette peinture est le Martyre de sainte Catherine, par Giuliano Bugrardini ; plusieurs des figures de ce tableau ont été dessinées par Michel-Ange.

Cette partie de l'église contient aussi une *Madonna* en marbre, par Benedetto da Majano. Dans le chœur, derrière le maître-autel, sont des peintures représentant la vie de la Vierge, et celle de saint Jean-Baptiste, par Ghirlandajo ; elles comprennent des portraits du peintre lui-même, et de plusieurs de ses contemporains illustres, parmi lesquels sont Pietro, Giovanni et Lorenzo de' Medici.

Le maître-autel a été érigé en 1804, et le tableau d'autel est de Sabatelli. La chapelle adjacente contient un Crucifix fait par Brunellesco pour la fameuse comtesse qui vivait avec Donatello.

Dans la chapelle qui suit est un tableau du Christ ressuscitant un mort, par Agnolo Bronzino, et un plafond par le même artiste. Les tombeaux et les bas-reliefs de cette chapelle sont de Giovanni dell' Opera.

Une chapelle au haut de quelques marches, et immédiatement à l'opposé de celle où la Madone de Cimabué est placée, contient des peintures par Andrea et Bernardo Orcagna, qui ont représenté l'Enfer dans une partie, et le Ciel dans une autre.

Cette église contient aussi, sur l'une de ses colonnes, le Martyre de saint Pierre, par Cigoli, et une belle peinture de la bonne Samaritaine, par Allessandro Allori. Les peintures au-dessus de la porte du Campanile sont de Buffalmacco, et le monastère contigu contient plusieurs fresques de prix, par d'anciens maîtres, au nombre desquelles on nous fait voir un portrait de Laure.

L'église d'Orsanmichele est assez remarquable par son architecture, et fut bâtie par Giotto et Taddeo Gaddi, pour servir de halle aux grains. A l'extérieur, il se trouve plusieurs morceaux de sculpture, savoir : saint Matthieu, saint Étienne et saint Jean-Baptiste, par Ghiberti ; saint Jean l'Évangéliste, par Baccio da Montelupo ; saint Pierre, saint Marc et saint Georges, par Donatello ; saint Philippe l'apôtre, saint Éligio et quatre autres saints en un groupe, par Nanni d'Antonio ; saint Thomas, par Andrea Verrocchio ; saint Luc en bronze, par Jean de Bologne, et une autre statue de cet apôtre, par Mina de Fiesole. L'intérieur de cette église contient des sculptures, par les principaux artistes de la renaissance.

L'église *di San-Spirito*, bâtie par Brunellesco, est, sous le rapport de l'architecture, la plus belle de Florence. A droite de la porte d'entrée est une copie, faite par Nanni Baccio, de la Pieta de Michel-Ange, qui se trouve à Saint-Pierre de Rome.

Le tableau de Jésus-Christ chassant les vendeurs du temple est de Stradano ; nous remarquons encore la Lapidation de saint Étienne, par Passignano ; le groupe en marbre de l'archange Raphaël et Tobie, par Giovanni Baratta.

L'autel du Saint-Sacrement offre à la vue de fort belles sculptures par

Andrea Contucci da Monte San-Savino; auprès de cet autel est un tableau par Ghirlandajo, représentant Jésus portant sa croix.

En revenant vers la nef, dans la première chapelle, est un tableau par Agnolo Bronzino, représentant le Christ apparaissant à la Madeleine, puis un autre de Petrucci, copié d'après Rosso, ayant pour sujet la Vierge et saint Sébastien.

Au delà de l'orgue est sainte Anne, la Vierge et d'autres saints, par Ghirlandajo, et près de là est une statue du Christ portant sa croix, par Taddeo Landini, d'après le tableau original de Michel-Ange, à Rome.

La *Capella Maggiore*, par Michelozzi, est belle d'architecture, richement incrustée avec des marbres précieux, et ornée des statues de saint Pierre et de saint Jean. Le toit du vestibule, jusqu'à la sacristie, est d'un seul bloc de pierre.

La sacristie contient un tableau d'autel, par Filippo Lippi, représentant la Vierge, Jésus-Christ, des anges et des saints, puis une peinture de Poccetti, au-dessus de la porte, représentant saint Agostino, et un ange sous la forme d'un enfant. L'architecture de la sacristie est particulièrement belle, et nous admirons surtout celle du Campanile.

L'église *del Carmine*, commencée en 1268, fut presque entièrement consumée par le feu, et il n'y a pas de longues années qu'elle a été réparée. Le plafond et la coupole ont été peints par Stagi et Romei.

La *Capella della S.-S. Vergine del Carmine* a été peinte par Masolino da Panicale et Masaccio, son élève, le premier qui ait atteint à la perfection lors de la restauration de l'art; mais comme il mourut jeune, son ouvrage a été terminé par Filippo Lippi, fils de Fra Filippo. On croit que Léonard de Vinci, Fra Bartolomeo, Andrea del Sarto, Michel-Ange et Raphaël ont dû la plus grande partie de leur talent à l'étude de ces excellentes peintures qui représentent la vie de saint Pierre.

Il y a dans le chœur un tombeau par Benedetto di Rovezzano. Le rideau de l'orgue, qui est un des meilleurs instruments de Florence, représente la Vierge donnant l'habit sacré à Simon Stock, par Romei. Mais ce qu'il y a ici de plus remarquable, c'est la chapelle Corsini, magnifiquement incrustée de marbres rares, et qui contient le sarcophage de saint Andrea Corsini, orné de bas-reliefs en argent.

Au-dessus de l'autel, il y a un *alto rilievo* représentant saint Andrea Corsini, qui, de simple moine qu'il était, devint évêque de Fiésole ; cet ouvrage est de Foggini, et au-dessus est Dieu le Père dans une gloire, par Marcellini.

Sur les côtés de la chapelle, il y a deux *alti rilievi* en marbre par Foggini, représentant le saint disant sa première messe, et la Vierge, lui apparaissant, disant : « Tu es mon serviteur, je t'ai choisi et je serai glorifiée en toi ; » l'autre représentant sa Descente du ciel pour secourir les Florentins, à la bataille d'Anghiari. La coupole a été peinte par Luca Giordano.

A droite de cette chapelle est une Descente de croix, par Feretti. Sous une coupole peinte par Romei, et sur le côté de la nef qui n'a pas encore été décrit est un tableau de *Santa Maria-Maddalena dei Pazzi* recevant le voile des mains de la Vierge, par Fabbrini. Le monastère auquel cette église appartient contient des fresques par Vasari, Poccetti, etc.

L'église *di Santa-Trinita* contient une Nativité, par Ghirlandajo ; une *Pieta*, par Angelico ; une chapelle appartenant à la famille Sasselli, représentant, peinte à fresque, la vie de saint François d'Assises, par Ghirlandajo. La statue de *santa Maria-Maddalena*, placée entre les portes d'entrée, a été commencée par Selignano, et finie par Benedetto da Masano. Le réfectoire a été peint par Giovanni di San-Giovanni et par Ferrucci.

L'Académie des beaux-arts, fondée par le grand-duc Léopold, est digne d'attention, non-seulement à cause de la libéralité de l'institution, qui donne tous les encouragements possibles au génie naissant, mais encore parce qu'on y voit d'excellents modèles des portes de baptistères et de la plupart des belles statues découvertes jusqu'ici en Italie.

Il y a là une magnifique galerie remplie de dessins à l'usage des jeunes peintres, d'autres grands salons contenant tout ce qui peut être utile à ceux qui sont plus avancés, une galerie où se trouvent des peintures et des esquisses par des maîtres célèbres, entre autres un tableau précieux par Angelico, un autre par Giovanni di San-Giovanni, représentant la Fuite en Égypte, et une très-belle tête de Christ, par Carlo Dolci. Cette académie comprend aussi des écoles d'architecture, de mécanique pratique, et on y fait de la mosaïque de Florence en *pietre dure* appelée *opera di ne commesso*.

Non loin de là se trouvent des cloîtres qui autrefois appartenaient au couvent supprimé de San-Giovanni-Batista, et qui sont actuellement sous la garde de l'académie, où la clef reste constamment déposée ; ces cloîtres, communément appelés l'*Oratorio dello Scalzo*, contiennent des peintures à fresque de la vie de saint Jean-Baptiste, toutes par Andrea del Sarto, excepté deux qui ont été faites par Francabigio ; des peintures nombreuses et des morceaux de sculpture sont répandus dans ces vieux bâtiments.

On nous raconte qu'Andrea del Sarto ne reçut pour chacune des fresques dont je viens de parler que quinze schillings, quoique plusieurs d'entre elles soient parfaitement belles. Elles ne tarderont pas cependant à être effacées, à cause de l'humidité qui règne dans l'endroit où elles sont appliquées, à moins qu'on ne les restaure par le procédé actuellement en usage à Rome.

Nous visitons le palais Gherini, qui renferme quelques peintures précieuses ; le palais Riccardi, qui a appartenu jadis à la famille Médicis ; c'est un bel édifice ; la galerie possède un plafond peint par Luca Giordano ; le plafond de la bibliothèque est du même maître, et la collection de livres et manuscrits imprimés est d'un grand prix.

Le palais Buonarotti, dans la *via Ghibellina*, est intéressant à cause des souvenirs qu'il rappelle : il a été la demeure de Michel-Ange, et il renferme encore quelques-uns de ses ouvrages.

La *Casa dei Poveri*, dans la *via dei Malcontenti*, dont l'établissement est dû à l'empereur Napoléon, est un édifice immense pouvant loger trois mille individus qui vivent du produit de la fabrication des bonnets phrygiens destinés aux marins de la Méditerranée, de celle des rubans, du drap, etc. Il y a dans cette maison des ateliers de toute espèce, et l'ex-grand-duc de Toscane, on doit le dire à son honneur, soutenait par ses secours cette bienfaisante et utile institution, qui a complétement débarrassé Florence de l'innombrable troupe de mendiants qui l'infestait.

Le *Spedale di Bonifacio*, ou Grand-Hôpital, près la porte San-Gallo, reçoit les fous et les personnes atteintes d'affections chroniques; il est spacieux et bien aéré. Les malades paraissent commodément logés et bien soignés; mais les fonds alloués à cet établissement ne suffisent pas pour donner aux convalescents une nourriture convenable.

En nous promenant dans la ville, nous remarquons la colonne de Saravezza, située dans la *via Romana*; elle a été érigée par Cosme Ier, en commémoration de la bataille de Marciano.

La colonne de granit près le *ponte Santa-Trinità* a été tirée des bains d'Antonin, à Rome, et érigée à Florence par Cosme Ier, en mémoire de la conquête de Sienne. A son sommet, il y a une figure de la Justice, qui a donné naissance au proverbe suivant : « La Justice à Florence est placée trop haut pour qu'on puisse y atteindre. »

La colonne près du baptistère, dans la *Piazza del Duomo*, a été érigée en l'honneur d'un miracle relatif au corps de San Zenobio.

Le sanglier en bronze, dans le *Mercato-Nuovo*, est une copie faite par Pietro Tacca du fameux antique de la galerie de Médicis.

Les théâtres de Florence, qui sont au nombre de quatre, n'ont rien de curieux sous le rapport de l'architecture; un seul reçoit la belle société, c'est la Pergola.

Nous faisons une excursion jusqu'à Fiésole, qui est à trois milles de Florence, par une route excellente et fort agréable. C'est une ville d'une haute antiquité, depuis longtemps démantelée et déserte, et dont la prospérité a été détruite par le voisinage et la supériorité de Florence.

Les restes de ses anciens murs cyclopéens subsistent encore de trois côtés ; il y a aussi quelques débris d'amphithéâtre. Sur l'emplacement de l'Acropole est un couvent de franciscains.

La cathédrale, bâtie en 1028, est en forme de basilique ; elle renferme le mausolée de l'évêque Salutati et un tabernacle par Mino da Fiésole.

Des hauteurs qui dominent Fiésole on a une très-belle vue sur la plaine arrosée par l'Arno, sur Florence et la chaîne des Apennins.

Après huit jours passés à Florence, nous quittons cette ville, l'œil encore ébloui de toutes les richesses artistiques qu'elle renferme, et songeant qu'au milieu de toutes ces merveilles écloses sous le souffle puissant des Médicis, cette cité a vu dans ses murs, étudiant, travaillant, créant, Dante, Pétrarque, Boccace, Améric Vespuce, Machiavel, Galilée, Michel-Ange, Raphaël, Titien, Léonard de Vinci et mille autres, c'est-à-dire tout ce que l'Italie a eu de plus grand comme génie artistique, littéraire et politique.

XIII

PISE, LIVOURNE, CIVITA-VECCHIA.

Route de Florence à Pise. — Castel-Puci. — Signa. — Montelupo. — Saint-Romain. — Pise. — Son histoire. — Monuments curieux. — La Tour Penchée. — Livourne. — Le port. — Route de Pise à Cività-Vecchia. — Le littoral. — La mal' aria. — Cività-Vecchia.

La route que nous suivons est celle de Pise, en sortant de Florence, sur une hauteur à gauche du chemin ; nous voyons l'église et le monastère jadis des Olivetains, nommé *Monte Oliveto* ; la route continue le long de la plaine, sur le bord de l'Arno, au milieu de riches campagnes et de fertiles collines.

A cinq milles à peu près de distance, nous voyons Castel-Puci, sur notre gauche, et deux milles plus loin, l'abbaye du Saint-Sauveur, à Settimo ; c'est là que saint Pierre Ignée soutint l'épreuve du feu.

Sur les deux coteaux de Signa, nous remarquons une continuation de maisons de plaisance magnifiques ; celle des *Pucci*, dite *Bello sguardo*, jouit d'une vue superbe sur la campagne.

A Signa, nous passons l'Arno, et nous entrons dans la route de Pietoja; c'est dans ce pays que les habitants, surtout les femmes, travaillent à la perfection ces jolis chapeaux de paille si estimés à Paris.

A Montelupo, et dans les autres villages que nous rencontrons sur la route, nous voyons beaucoup de fabriques de vases en terre cuite. On y fait des urnes de différentes formes, avec des ornements en relief, pour servir à la décoration des jardins.

Empoli, où nous nous arrêtons, est un bourg riche et peuplé, où l'on trouve tout ce qu'on peut souhaiter dans une ville. Il est situé au milieu d'une plaine fertile; ses habitants sont industrieux; il y a différentes fabriques de faïence.

Un peu plus loin, et précisément à l'*Osteria Bianca*, en tournant à gauche, on trouve la route de traverse romaine, qui côtoie la rivière d'Elsa, et conduit à Sienne par Poggibonzi.

Près de la porte de la Scala, nous voyons à gauche, à peu de distance, San-Miniato-Tedesco, ville médiocrement peuplée. Au delà de l'Arno, nous apercevons le marais de Fucecchio.

A Saint-Romain, nous visitons l'église et le couvent supprimé des mineurs observantins de Saint-François; un peu plus loin, du côté de l'Arno, est la campagne Gazzezi, jadis Capponi; de l'autre côté, le château de Monopoli, ancienne frontière des Florentins, vis-à-vis celui de Marli, ancienne frontière des Pisans.

Après avoir rencontré Pontadera, Fornarette et Cascina, trois petites villes sans importance, nous entrons à Pise.

Selon Pline, Strabon et Virgile, Pise fut fondée par une colonie grecque venue de la ville de Pise dans le Péloponèse. On croit qu'elle fit partie de l'Étrurie; mais jusqu'à la domination romaine, son histoire est très-obscure. Alliée de Rome l'an 561 de sa fondation, elle devint déjà, en 574, une colonie romaine fort importante, et plus tard municipe. C'est en cette dernière qualité qu'elle reçut d'Auguste le nom de *Julia Obsequens*. Adrien et Antonin y élevèrent des temples, des théâtres, des arcs de triomphe, tous monuments dont il ne reste plus rien.

Sa position sur l'Arno, son port, en firent une puissante ville de commerce; l'embouchure de l'Arno n'était alors qu'à deux milles. A la chute de l'empire romain, Pise partagea le sort commun à presque toutes les villes d'Italie; elle fut ravagée par les barbares, et tomba plus tard sous la domination des Lombards.

Pise ne fut pas la dernière à lever l'étendard de la liberté, lorsque l'Italie entière se leva pour secouer le joug étranger, et dès ce moment elle se signala par de telles entreprises, qu'elle devint l'heureuse rivale de Venise.

En l'an 1000, cette république, faible d'abord, acquit d'immenses richesses, et se rendit redoutable. Elle attaqua les Sarrasins, s'empara de Carthage. Elle reçut la Corse en fief du pape en 1092 et conquit la Sardaigne en 1099. Elle les perdit au quatorzième siècle.

Elle fut au treizième siècle une des républiques les plus puissantes de l'Italie. Fidèle au parti des Gibelins, elle soutint une guerre sanglante contre Florence, alliée de Lucques, de Sienne et du pape. Gênes lui porta un coup terrible en 1284; Florence, Pistoie, Lucques et Sienne se liguèrent contre elle pour l'écraser. Gênes lui enleva l'île d'Elbe et la Corse.

Menacée par tous les Guelfes de la Toscane, elle eut recours à l'intervention étrangère; mais épuisée par ses guerres continuelles, elle vit s'éteindre son commerce. Tombée au pouvoir de Galéas Visconti, elle fut vendue par son fils aux Florentins, ne voulut pas se soumettre, et soutint avec courage un long siége en 1405.

Décimée par la famine, elle fut obligée de se soumettre. Pise chercha ensuite dans l'arrivée de Charles VIII une occasion de délivrance, il y eut une nouvelle ligue contre elle. Les Pisans jurèrent de s'ensevelir sous les ruines de leur ville, plutôt que de se soumettre aux Toscans. Les femmes travaillèrent aux fortifications nuit et jour (1499) ; l'ennemi finit par lever le siége. Elle fut encore assiégée par Louis XII et les Florentins en 1505. En 1509, la famine la contraignit à se rendre.

Depuis, Pise n'a plus recouvré sa liberté, et a suivi les destinées de Florence.

Pise a la forme d'un quadrilatère. Elle est entourée de murailles autrefois fortifiées de tours. Ses édifices, construits dans le temps le plus brillant de la république, sont de la plus grande beauté ; il n'y a guère de villes en Italie où l'on ait rassemblé une si grande quantité de marbres étrangers. Pendant leurs courses de mer, les Pisans eurent l'occasion de se procurer ce que les ruines de la Grèce offraient de plus précieux en ce genre.

L'Arno, qui divise la ville en deux parties égales, baigne les quais magnifiques qui règnent dans toute sa longueur. Ces quais sont décorés d'édifices de la plus belle architecture. Les rues sont larges, droites et pavées de grandes dalles ; mais elles paraissent désertes, et leur magnificence même afflige l'œil du voyageur habitué de voir une grande population là où l'architecture étale ses prestiges.

Trois grands ponts servent de communication aux deux parties de la ville, séparées par le fleuve, et forment avec les quais auxquels ils se joignent la perspective la plus agréable. Celui du milieu est en marbre et le plus beau de tous ; c'est sur ce pont que tous les ans, au mois de juin, les jeunes gens, pris de l'une et l'autre partie de la ville, se livrent une espèce de combat dont on fait remonter l'origine aux jeux olympiques établis à Pise par ses fondateurs.

Malgré la décadence de cette ville, les sciences n'ont pas cessé d'y être cultivées. Son université a toujours joui d'une grande célébrité. Accurse, Barthole, Alciat et plusieurs autres savants l'ont illustrée. Il y a plusieurs colléges qui dépendent de cette université. Enfin, si la population de Pise était plus considérable, tout y respirerait encore l'ancienne splendeur romaine.

Notre première visite est pour aller admirer, sur la place du Dôme, le groupe le plus curieux qui soit peut-être au monde de quatre monuments, la Cathédrale, le Baptistère, le *Campo-Santo* et la Tour Penchée.

La cathédrale, dédiée à l'Assomption de la Vierge et bâtie dans le onzième siècle, est un des monuments les plus remarquables dans l'histoire de l'architecture italienne, car il remit en honneur les ordres de l'architecture grecque, et fut le précurseur de la renaissance.

Nous y remarquons trois portes de bronze de Jean de Bologne, si belles qu'on les a prises pour celles du temple de Jérusalem. L'église a cinq nefs soutenues par cinquante-quatre colonnes, dont quelques-unes sont de marbre vert antique ou de porphyre ; la plupart de ces colonnes paraissent avoir fait partie d'anciens édifices. Les sculptures les plus remarquables de cette église sont les statues d'Adam et d'Ève, de Pietra Santa ; une Chasse, de Méléagre, en bas-relief, et un Rhinocéros, très-bien modelé.

Nous admirons aussi quelques tableaux de prix, parmi lesquels quelques-uns sont d'Andrea del Sarto, de Jean de Pise, de Tribolo, de Tempesta, de Roselli de Florence et de Pierre de Cortone. La chaire est de marbre, et revêtue d'anciennes sculptures et d'ornements en bronze ; le pavé est aussi de marbre et à compartiments, et la voûte, dorée, est ornée de très-belles peintures.

Le Campanile, ou la Tour Penchée, est un édifice curieux par sa singularité même : c'est une tour qui a la forme d'un cylindre, avec sept ordres ou rangs de colonnes posés les uns sur les autres. Sa hauteur est de cent quatre-vingt-huit pieds ; on y monte par un escalier de trois cent trente marches. Du haut de cette tour, on jouit d'une vue magnifique ; mais si l'on regarde en bas, et que l'on fasse descendre perpendiculairement un fil à plomb par le moyen d'une ficelle, on est tout étonné de voir ce plomb s'éloigner de quinze pieds des fondements de la tour. On a fort disputé sur la cause d'une inclinaison si considérable, pour savoir s'il faut l'attribuer ou à quelque bizarre conception de l'architecte ou à l'affaissement du terrain sur lequel reposent les fondations ; c'est cette dernière hypothèse qui doit prévaloir. A une certaine hauteur, des colonnes plus hautes d'un côté que de l'autre attestent les efforts faits pour le rapprocher de la verticale.

Ce clocher renferme sept grandes cloches qui, sonnées tous les jours, en attestent la solidité.

Le Baptistère est en face du grand portail de la cathédrale ; c'est une rotonde toute de marbre. L'intérieur est orné de deux ordres de colonnes de granit posés l'un sur l'autre, et qui soutiennent une coupole elliptique. Au milieu est une grande cuve de marbre de forme octogone, avec des rosettes sculptées sur les faces ; c'était le réservoir de l'eau qui servait à baptiser, dans le temps qu'on donnait le baptême par immersion.

La chaire de Nicolas de Pise, où l'on monte pour lire l'Épître et l'Évangile, est d'un marbre presque transparent, et soutenue pas des colonnes de granit oriental qui reposent sur des lions. La voûte est tellement sonore, qu'au moindre bruit qu'on fait, elle retentit comme une cloche ; il y a un écho qui répète très-distinctement les mots, et quelque bas qu'on parle près de la muraille, on entend à l'extrémité opposée tout ce qui a été dit.

Le *Campo-Santo* est une vaste enceinte avec un portique pavé de marbre et orné de peintures dont quelques-unes sont du Giotto. On y voit des inscriptions et des tombeaux fort anciens, des sculptures de Canova, de Michel-Ange et de Ricci de Florence.

Le cimetière qui est au centre a neuf pieds de terre qu'on dit avoir été rapportée de Jérusalem en 1228, et à laquelle on attribuait la propriété de consumer les cadavres en vingt-quatre heures, propriété qu'elle a perdue aujourd'hui, et qui consistait sans doute en une grande quantité de chaux mêlée avec cette terre.

Les fresques du *Campo-Santo*, si intéressantes pour l'histoire de la peinture, et que tiennent en si grande vénération aujourd'hui tous ceux qui aiment les arts, n'excitaient à la fin du siècle dernier et au commencement de celui-ci que des dédains. Le président de Brosses n'y voyait également de son temps que « des histoires de la Bible peintes d'une manière fort bizarre, fort ridicule, fort mauvaise. » En opposition avec ces dédains pleins de légèreté, l'admiration, de nos jours, est peut-être tombée dans un excès contraire.

Le *Campo-Santo* tombait en décadence, lorsque Napoléon en nomma conservateur le Vénitien Carlo Lasinio, dont les efforts sauvèrent cet admirable monument. On lui doit, ainsi qu'à son fils Paolo, la publication de l'œuvre gravée du *Campo-Santo*, que l'on peut se procurer à Pise, et que nous achetons.

Je n'entreprendrai pas de décrire ici une à une les fresques dont sont couverts les murs du *Campo-Santo*; ce sont des œuvres admirables; il faudrait leur consacrer un chapitre à chacune, et la place nous manque.

Les principales églises de Pise, après la cathédrale, sont : Saint-Étienne, dont l'architecture de l'autel et les figures de la chaire sont d'un goût mâle et vigoureux; Saint-Matteo, qui est encore une très-belle église. Dans la peinture de la voûte, la perspective est si bien observée qu'on croit voir s'élever un second ordre au-dessus de la corniche.

L'Observatoire, le Jardin des Plantes et le Cabinet d'histoire naturelle attirent notre attention.

La loge des marchands est un grand édifice à arcades couvertes, soutenu par des pilastres groupés d'ordre dorique d'une belle architecture.

La Maison des Nobles, ou *Casino de' Nobili*, est plus fréquentée, quoique ce ne soit qu'une petite salle de jeu où s'assemblent les nobles. Nous remarquons encore à Pise une quantité de palais flanqués de grandes tours; il paraît qu'autrefois c'était une marque de distinction.

Le climat de Pise est si doux, qu'à peine, nous dit-on, s'y aperçoit-on de l'hiver; cependant l'air y est malsain, surtout pour les étrangers, pendant les grandes chaleurs; alors les gens riches se retirent à Florence ou dans les montagnes environnantes.

Nous quittons Pise, et nous nous dirigeons sur Rome. Notre itinéraire est tout tracé : c'est le littoral, nous allons côtoyer la Méditerranée.

De Pise à Livourne, il y a quatre lieues, que nous faisons sur une belle route. Le pays est plat et coupé de quelques marais formés par les eaux de la mer ou par les débordements de l'Arno.

Nous traversons une forêt de liéges ou chênes verts dans laquelle nous voyons par intervalles des fourrés très-épais de grands myrtes domestiques, qui répandent une odeur très-agréable et servent de retraite aux bêtes fauves qui étaient réservées aux plaisirs du grand-duc. L'espace qui est entre cette forêt et Livourne est presque entièrement occupé par des jardins potagers.

Nous arrivons à Livourne; c'est la ville maritime de la Toscane, et elle est le siége principal de cet État. Elle a environ trois cent cinquante toises de longueur et autant de largeur; elle est trop petite pour ses habitants; aussi le prix des loyers y est-il excessif.

Cette ville, du côté de la mer, avait des fortifications, qui ont été démolies. Les maisons, bâties de briques, ont les encoignures et les croisées en pierres de taille. Les rues sont droites et bien pavées. Il y a vers le centre de la ville une grande place d'où l'on voit les deux portes opposées, la porte Colonella, qui regarde la mer, et la porte de Pise, qui est celle par laquelle nous sommes entrés.

Les seuls édifices considérables dont cette place est décorée sont la cathédrale *il Duomo*, et le palais ducal, *palazzo del principe*, où logeait le grand-duc lorsqu'il venait à Livourne. Sur cette même place, il y a une fontaine dont l'eau n'est pas très-bonne, cependant le peuple en boit. En général, on se sert de l'eau des citernes; ceux à qui la fortune le permet en font venir de Pise pour leur boisson. Cette rareté d'eau potable à Li-

vourne a engagé le gouvernement à y faire conduire, par le moyen d'un aqueduc, une source d'eau très-bonne, éloignée de douze milles, et provenant des montagnes de Colognole.

Une des principales commodités de Livourne est un canal dérivé de l'Arno, par lequel on va à Pise pour une très-modique somme.

Nous remarquons sur le pont une statue de marbre que Côme II érigea à Ferdinand Ier, son père; ce prince est représenté debout, ayant une main appuyée sur le côté, et tenant de l'autre un bâton de commandement; quatre esclaves en bronze sont enchaînés au bas du piédestal.

Le port a environ six cents mètres de long et douze mètres d'eau dans les endroits les plus profonds; il est sujet à des atterrissements, auxquels on remédie par le moyen de pontons qui servent à en retirer le sable et les immondices.

Ce port est défendu par un môle qui s'étend à plus d'un mille dans la mer; il est d'ailleurs très-bien fortifié. On y voit des bâtiments de toute nation. La darse ou darsina est comme un second port, ou plutôt c'est la partie du port qui est la plus avancée dans la ville; c'est ce qu'on appelle *bassin* dans les ports de l'Océan. L'entrée de cette darse est fermée par une chaîne attachée d'un côté à la vieille forteresse, et de l'autre à l'extrémité du môle intérieur. Près de là sont les bureaux de la santé et de la douane, ainsi qu'un corps de garde soutenu par une double batterie de canons.

Non loin de la ville, et du côté nord, est une tour bâtie sur des rochers que la mer environne; c'est sous le canon de cette tour qu'on fait faire la quarantaine aux vaisseaux qui viennent du Levant.

Du côté du couchant est une autre tour qui s'avance aussi dans la mer: c'est celle du fanal; sa forme est assez singulière: elle ressemble à deux tours qu'on aurait bâties l'une sur l'autre. Enfin on voit une troisième tour située à cinq milles du grand pont et dans une petite île appelée *Meloria*, qui n'a que quinze à vingt mètres de diamètre et est presque à fleur d'eau ; cette tour est carrée, et sa grande blancheur la fait apercevoir de fort loin ; elle sert à avertir les marins qui dirigent leur route vers le port d'éviter les écueils dont la petite île est environnée, et surtout un banc de sable qui est du côté du nord.

Livourne possède trois lazarets et une maison de force où sont les individus condamnés au bagne. Le magasin des huiles, que nous visitons, est vraiment un objet de curiosité.

Les principales églises de Livourne sont la cathédrale, la voûte en est fort belle; l'église des Grecs, dont la construction est très-simple; nous y voyons deux tableaux représentant le Christ et la Vierge peints sur fond d'or dans l'ancien goût des Grecs ; l'église des Dominiquins, celle des Trinitaires, de Saint-Jean et *della Maria Vergine*, remarquable par la richesse de ses marbres.

Les luthériens, qui ne sont pas en assez grand nombre à Livourne pour y avoir un temple, font baptiser leurs enfants et célèbrent leurs mariages sur le premier vaisseau anglais, hollandais ou danois qui se trouve dans le port.

On compte à Livourne, sur une population de soixante-treize mille âmes, quinze mille juifs, c'est-à-dire le cinquième des habitants. Leur synagogue est une des plus belles et une des plus riches de l'Europe : c'est un carré dont les deux côtés et l'une des extrémités sont entourés d'un portique au-dessus duquel est une tribune grillée dans laquelle les femmes juives viennent assister aux cérémonies de leur religion. Les hommes sont en bas, sous le portique, ou dans le reste du temple.

Les Arméniens et les Grecs schismatiques sont très-nombreux à Livourne ; ils y ont aussi des églises. Celle des Arméniens est très-belle et décorée avec goût; celle des Grecs schismatiques n'a rien de remarquable.

Livourne est le premier port franc qu'il y ait sur la Méditerranée, et cet établissement fut un des plus beaux traits de la politique des Médicis.

Le principal commerce de la ville est un commerce d'entrepôt; les juifs et les Arméniens y sont les courtiers de presque toutes les nations.

Nous quittons cette cité commerçante où nous rencontrons une partie de notre cinquième corps d'armée qui gémit de rester l'arme au bras, et nous nous acheminons vers Cività-Vecchia.

La route que nous suivons le long de la côte a été construite il y a quelques années; elle est très-rarement fréquentée; il n'y a pas de service de poste, les auberges y sont détestables et la mal' aria vient d'y faire apparition pour ne s'en aller qu'à la fin d'octobre.

Nous avançons cependant, tantôt à pied, tantôt sur des mulets, tantôt en voiturin. Nous traversons Piombino, qui fut autrefois la capitale d'une petite principauté et qui n'a rien de remarquable. Nous passons à Follonica, bourgade qui doit son origine aux fonderies grand-ducales dans lesquelles on travaille le fer de l'île d'Elbe. Toutes les usines sont fermées à notre passage, la mal' aria passe!

Nous rencontrons Grosseto, où nous ne nous arrêtons pas à cause des maladies qui y règnent, Orbitello, petite ville fortifiée, située sur une pointe de terre au milieu d'un lac; nous côtoyons le gué de Burano, flaque d'eau salée longue de huit milles; nous franchissons la frontière toscane et nous entrons dans les États de l'Église par Montalto, petite ville d'aspect misérable, où se trouve un bureau de douane et où l'on visite nos papiers avec une scrupuleuse attention. Nous passons à Corneto, suivant toujours le littoral, et nous arrivons enfin à Cività-Vecchia.

Cività-Vecchia a pris une grande importance comme point de relâche de la navigation à vapeur entre Marseille, Naples et le Levant; c'est par cette ville que passe la majeure partie des voyageurs qui se rendent dans le midi de l'Italie. L'empereur Trajan y fit creuser un port. Clément XII en fit un port franc. La forteresse fut commencée sous Jules II, d'après les dessins de Michel-Ange et terminée sous Paul III.

Cette ville occupe l'emplacement de la colonne romaine de Centum

Cellæ. Les Sarrasins l'ayant détruite en 828, les habitants se réfugièrent dans les terres, mais ils revinrent, en 854, s'établir dans leur première position, qui prit de là, dit-on, le nom de *Cività-Vecchia*.

Nous nous reposons une nuit dans cette ville et le lendemain nous nous remettons en route, car nous voulons coucher à Rome le soir.

En quittant Cività-Vecchia, la route s'avance à quelque distance de la mer jusqu'à San Severa, ferme sur l'emplacement de Pyrgas, ville pélasgique que Denys le Tyran vint surprendre une nuit avec cent vaisseaux et dont il emporta cinq millions de talents.

Nous nous arrêtons un moment à Palo, petit port de pêcheurs où l'on prend des bains de mer, puis nous repartons, et bientôt nous entrons dans la campagne de Rome.

Cette campagne est monotone et déserte; de distance en distance, on aperçoit au milieu d'un sol aride, ondulé, et qui semble abandonné à lui-même, quelques traces de moissons, quelques rares habitations, et des haies de vigne sauvage ou quelques mauvais troupeaux.

A partir de Castel di Guido, la route devient plus montueuse; nous atteignons ensuite l'Osteria di Malagrotta, d'où un chemin conduit vers la mer à Maccarese, propriété insalubre des princes Rospigliosi, renfermant de grandes forêts et des pâturages couverts de vaches et de buffles.

Plus loin nous passons devant le Casale della Morte, autre nom indiquant l'insalubrité de l'air de cette contrée.

Enfin nous apercevons dans la brume du crépuscule la coupole de Saint-Pierre qui se détache en noir sur le fond gris du ciel; nos cœurs battent, c'est Rome; nous hâtons le pas, et bientôt, franchissant la *Porta Cavalleggieri*, nous entrons dans la ville éternelle!

XIV

ROME.

Rome. — Coup d'œil sur son passé. — Rome ancienne. — La République. — L'Empire. — La décadence. — Le moyen âge. — La ville moderne. — Ses monuments. — Ses palais. — Ses églises. — Ses musées. — Saint-Pierre. — Le Vatican. — Le Colisée. — Les arcs de triomphe. — Les colonnes. — L'école française. — Les sept collines. — Tivoli. — Nous quittons la ville.

Nous voilà à Rome ! Je ne rappellerai pas ici l'histoire de cette ville qui a pesé d'un poids si immense dans la balance des peuples : chacun la connaît, chacun sait qu'il y a dix-neuf siècles deux frères suivis de quelques brigands rebelles à toutes les lois jetèrent entre les sept collines les premiers fondements de celle qui devait devenir la maîtresse du monde.

L'on sait que grandissant vite grâce à la vigueur de ces hardis aventuriers la ville prit bientôt une extension gênante pour les autres peuples de l'Italie.

Chassant ses rois, elle devient république, et pendant cinq siècles gardant cette forme de gouvernement, elle montre au monde étonné jusqu'à quel point de puissance peut arriver un peuple libre.

L'Empire étouffe la République sa mère. Auguste devient le maître du monde et laisse à ses successeurs le plus magnifique domaine de la terre ; alors apparaissent les Tibère, les Néron, les Claude ; pour un Titus, un Marc-Aurèle, des Vitellius, des Héliogabale, des êtres monstrueux, aussi vite massacrés qu'ils étaient élus par les prétoriens ; puis enfin arrive la décadence : saccagée par Alaric, pillée par Genseric, démantelée par Totila, Rome s'éteint accablée par les hordes descendues du Nord, accablée surtout par la dégradation des empereurs, du sénat, du peuple ! Byzance remplace Rome, et celle-ci va devenir le siége de la religion catholique.

Les papes, d'abord évêques de Rome, y sont établis ; Charlemagne leur donne les légations, mais ils veulent plus, et bientôt commence une série de guerres, tantôt contre l'Allemagne, tantôt contre les peuples d'Italie, guerres où le chef de la chrétienté, tour à tour prêtre et soldat, bénissait d'une main et frappait de l'autre.

Ce n'est pas ici le lieu de raconter les convulsions nombreuses dont le séjour des papes a été le théâtre ; à l'heure où j'écris ces lignes elles durent encore, et nul ne peut prévoir ce qui adviendra.

Laissons là cette histoire qui contient tant d'enseignements pour le philosophe, pour l'homme politique, et occupons-nous de l'art et des curiosités dont chaque pavé de la terre éternelle garde une trace.

Lorsqu'on arrive à Rome par la route de Viterbe, qui correspond à l'ancienne voie Cassienne, ou par celle d'Orticoli, qui correspond à la voie Flaminienne, on doit toujours passer le Tibre à deux milles de la ville sur le pont qu'on appelle aujourd'hui Molle et qui fut jadis appelé Molvius ou Mulvius, d'où dérive le nom moderne. M. Emilius Scaurus le construisit vers la moitié du septième siècle de Rome. Une partie de ce pont est ancienne ; l'autre a été restaurée plusieurs fois.

Nous arrivons à la porte du Peuple; nous remarquons dans les entre-colonnements les statues de Saint-Pierre et Saint-Paul qui furent faites par Mocchi. Alexandre VII fit orner la façade intérieure d'après les dessins de Bernin en 1657 à l'occasion de l'arrivée à Rome de Christine, reine de Suède. En entrant par cette porte on se trouve sur la place du Peuple, qui est superbe.

Deux immenses hémicycles ornés de fontaines et de statues, bornés par quatre bâtiments et deux églises de toute beauté, encadrent cette place; au centre s'élève un grand obélisque égyptien.

L'hémicycle à gauche est couronné par le jardin public du mont Pincino; la statue colossale de Rome, entre l'Arno et le Tibre, qu'on y voit, est l'ouvrage de Ceccarini, de même qu'une autre vis-à-vis représentant Neptune entre des Tritons. Celles du Printemps et de l'Été, que l'on a placées aux deux extrémités de ce demi-cercle, ont été faites par Guaccarini et Laboureur; celles de l'Automne et de l'Hiver, qui sont vis-à-vis, ont été sculptées par Stocchi et Baïni.

L'obélisque est couvert d'hiéroglyphes et a vingt-cinq mètres de hauteur, sans compter le piédestal; il fut érigé à Héliopolis, ville de la basse Égypte, par le roi Rhamsès.

Pour éviter toute espèce de répétitions inutiles, je me contenterai désormais de citer les endroits que nous parcourons sans me servir de ces locutions : *Nous arrivons, nous entrons, nous admirons, nous remarquons*, etc.; il est très-évident que nous avons vu, admiré, remarqué, etc., le lecteur en est pénétré; je continue donc ma narration en notant seulement les édifices où nous nous sommes arrêtés.

Église Sainte-Marie du Peuple. Le pape Pascal II fonda cette église vers l'année 1099 pour délivrer, dit-on, le peuple des fantômes nocturnes qu'on croyait voir et qui, ajoutait-on, n'étaient autres que le corps de Néron revenant sous différentes formes. L'intérieur est divisé en trois nefs; les peintures de la voûte du chœur sont de Pinturrichio.

Trois grandes rues commencent à la place du Peuple : celle de droite s'appelle de Ripetta, celle de gauche se nomme du Babouin, et celle du milieu est la rue du Cours ; c'est celle-là que nous prenons ; elle est tracée sur l'alignement de la voie Flaminienne, et tire son nom des courses de chevaux qu'on y donna sous le règne de Paul II. C'est la plus belle rue et la plus fréquentée de Rome, et l'entrée est décorée par deux églises d'architecture presque uniforme : celle de gauche est l'église de *Sainte-Maria di Monte Santo ;* elle a été commencée vers l'année 1662 par ordre d'Alexandre VII, d'après les dessins du Raïnaldi, et contient quelques tableaux et quelques fresques ; de l'autre côté du Cours est l'église Sainte-Marie des Miracles, bâtie sur les dessins du Raïnaldi par Charles Fontana. A droite en entrant est un tableau de Saint-Antoine par Guarscard. Sur le maître-autel il y a l'image de la Vierge soutenue par quatre anges exécutés par Raggi.

Cette visite termine notre première journée ; le lendemain, nous commençons notre examen par le mont Capitolin, l'une des sept collines de Rome, ainsi nommé parce qu'on y trouva, en creusant les fondations du temple de Jupiter, une tête fraîchement coupée (*caput*).

Sur ce mont se trouve le Capitole. Au lieu de présenter comme autrefois une majesté imposante et formidable, le Capitole moderne ne répond pas à l'imagination que nous nous faisions d'un passé héroïque. Quand on y arrive, on trouve une place de médiocre étendue bornée par trois façades de monuments dont l'architecture, bien que dessinée par Michel-Ange, n'a rien de beau ni d'imposant. Une sorte de souvenir de la Rome républicaine semble cependant s'être conservé dans le titre d'un de ces palais : celui du Sénateur.

« Les Romains modernes, dit M. Viardot, qui ont en partie démoli le Colisée, qui ont appelé l'ancien Forum la foire aux Vaches (*campo Vaccino*) et qui plantent des artichauts sur la roche Tarpéienne, n'ont pas même respecté ce grand nom de Capitole qui devait à jamais planer sur la ville éternelle. Ils en ont fait un mot étrange, *Campidoglio*, qui indique un champ de colza ou champ d'huile (*campi d'oglio*). »

Au bas de la rampe qui conduit au Capitole, il y a deux beaux lions égyptiens en granit noir. Au haut de l'escalier sur la balustrade, sont deux statues colossales en marbre pentélique de Castor et Pollux placés à côté de leurs chevaux et qui furent trouvées, sous Pie IV, près de la synagogue des Juifs. A côté de ces statues sont deux beaux trophées en marbre connus sous le nom de Trophées de Marius. On voit aussi sur la même balustrade deux statues, une de Constantin Auguste, et l'autre de Constantin César, trouvées sur le mont Quirinal dans les Thermes de Constantin.

Sur la droite est une colonne qui était autrefois la Colonne milliaire qui marquait le premier mille de la voie Appienne, où elle a été trouvée en 1584; depuis cette époque on l'a ornée d'une boule de bronze. Une autre colonne, située du côté opposé, a été faite pour servir de pendant à celle-ci; la boule qu'elle soutient est ancienne.

La place du Capitole est carrée; au milieu se trouve la statue équestre de Marc-Aurèle en bronze; en l'an 545 cette statue fut enlevée par Totila, et déjà elle était sur la route d'Ostie pour être embarquée, quand Bélisaire la reprit et la fit reporter à Rome.

Le palais du Sénateur est une grande fontaine construite par ordre de Sixte V et ornée de trois statues antiques; celle du milieu, qui est en marbre blanc drapée de porphyre, représente Minerve assise; elle fut trouvée à Cora; les deux autres, qui sont colossales et en marbre de Paros, représentent le Nil et le Tibre; ce sont de belles œuvres de sculpture du temps des Antonin; elles viennent du temple de Sérapis, qui était sur le Quirinal. Après avoir monté l'escalier, on entre dans une salle vaste et magnifique qui sert au sénateur et aux juges de son tribunal.

Le musée du Capitole fut commencé par le pape Clément XII. Au fond de la cour est la statue colossale de l'Océan connue sous le nom de *Mar-*

forio, qui existait jadis près de l'arc de Septime Sévère. A droite sur le mur sont plusieurs inscriptions mortuaires des soldats prétoriens, trouvées à la *Vigna del Cinque*, hors de la porte *Salaria*.

A gauche et à droite de l'Océan sont deux Satyres restaurés en forme de Télamons. Dans le portique on voit à gauche de la porte d'entrée un torse colossal jadis existant à Bevagne, une Minerve gigantesque, quatre faisceaux consulaires en bas-reliefs sur un grand piédestal, une tête colossale de Cybèle, trouvée dans la villa d'Adrien à Tivoli.

A droite de la porte d'entrée est une statue de Diane remarquable par sa belle draperie, une Isis en granit rouge, une statue colossale de Diane, un Jupiter, le cyclope Polyphême et une statue d'Adrien en habit de sacrificateur.

On passe ensuite dans la chambre du Canope, qui porte ce nom parce qu'on y a rassemblé toutes les statues égyptiennes trouvées au Canope, édifice de la villa d'Adrien, à Tivoli, de même que d'autres sculptures égyptiennes.

Au milieu de cette pièce est le bel Hermès double en noir antique d'Isis et d'Apis, sculpture du siècle d'Adrien dans le style égyptien. De la chambre du Canope, on entre dans la salle des Inscriptions. On a rangé tout autour des murs cent vingt-deux inscriptions impériales ou consulaires qui offrent une série chronologique depuis Tibère jusqu'à Théodose. Des sculptures qui sont dans cette salle, la plus remarquable est l'autel carré sur lequel sont représentés les travaux d'Hercule ; cet autel est du style grec ancien.

On passe ensuite dans la salle de l'Urne. Un grand sarcophage en marbre blanc attire l'attention des amateurs et donne le nom à cette salle dont il est l'ornement principal. En retournant au portique, vis-à-vis la statue colossale de Mars, on trouve le grand escalier, où l'on a encadré dans les murs les fameux fragments de l'ancien plan de Rome qui ont été trouvés dans les ruines du temple de Rémus, sur la voie Sacrée. On monte à un long corridor qu'on appelle la Galerie, tout rempli d'anciens monuments; avant de la parcourir, on entre à droite dans la salle du Vase; au milieu est un grand vase de marbre blanc orné de feuilles et trouvé auprès du tombeau de Cécile Métellé. Ce vase est posé sur un ancien autel rond, où l'on voit sculptées tout autour les douze divinités avec leurs attributs; il fut trouvé à Neptune, près d'Antium.

Outre ce vase il y en a un autre en bronze, trouvé au port d'Antium, dans la mer, et qui avait été donné au roi Mithridate Eupator, au gymnase des Eupatoristes. On remarque encore le petit groupe d'Hécate en bronze, le petit bas-relief connu sous le nom de Table Iliaque, un tripode, une Romaine en bronze, deux statues de Diane d'Éphèse et deux mosaïques.

De cette salle, on rentre dans la Galerie; vis-à-vis le grand escalier sont les bustes de Marc-Aurèle et de Septime Sévère, d'une conservation étonnante. Les murs sont plaqués des inscriptions trouvées dans la chambre sépulcrale ou colombaire des serfs affranchis de Livia, en 1726, sur la voie Appienne.

La Galerie contient aussi un grand nombre de statues, parmi lesquelles je citerai l'Ébriété, un Caton, un Discobole, une tête colossale de Junon, le buste de Jupiter, le Nil, un bel Hermès d'Ammon, etc.

On passe dans la salle des Empereurs; sur les murs sont enchâssés plusieurs bas-reliefs, dont les plus intéressants sont : la Chasse du sanglier de Calydon par Méléagre, Persée qui délivre Andromède, et Endymion qui dort; Hylas enlevé par des nymphes. Au milieu de la salle est la statue assise connue sous le nom d'Agrippine, femme de Germanicus.

On entre dans la salle des Philosophes, où on a rassemblé une collection de portraits de gens de lettres et de philosophes anciens : Diogène, Euripide, quatre bustes d'Homère et deux de Sophocle, dont un porte le nom de Pindare.

Le Salon, la salle du Faune et celle du Gladiateur contiennent un grand nombre d'objets d'art.

S'il me fallait décrire toutes les merveilles de Rome, ce volume ne suffirait pas; les temples, les églises, les souvenirs, les ruines sont innombrables; nous allons visitant tout le temple de Jupiter Tonnant, celui de la Fortune, bâti par Camille, celui de la Concorde; le Forum romain situé entre le Capitole et le Palatin; l'arc de Septime Sévère; la colonne de Phocas; le temple de Vesta, aujourd'hui l'église de Saint-Théodore; la voie Sacrée, qui commence au Colisée et aboutit au Forum; le temple d'Antonin et de Faustine, celui de Romulus et de Rémus; la basilique de Constantin; l'arc de Titus; les jardins Farnèse; le colosse de Néron, qui a cent vingt pieds de haut; le Colisée, ruine d'un immense amphithéâtre dans lequel vingt mille Romains assistaient aux jeux et aux luttes; l'arc de Constantin; la place Saint-Jean de Latran; le baptistère de Constantin; la basilique de Saint-Jean de Latran, qui est le principal temple du monde catholique et qui contient la table où Jésus-Christ fit la pâque; le saint escalier, qu'on ne monte qu'à genoux; le temple de Nerva élevé par Trajan; la colonne de Trajan, le plus célèbre monument antique conservé dans son entier depuis dix-sept siècles; l'église des Saints-Apôtres; le palais pontifical, une des résidences du pape; le palais de l'Académie de France, où nous rencontrons des compatriotes; le Panthéon, gigantesque monument érigé par Agrippa 26 ans avant Jésus-Christ; l'église Saint-Louis des Français, bâtie en 1589 par Henri IV; le temple de Vesta; la place du Vatican, au milieu de laquelle se trouve l'obélisque du même nom; la basilique de Saint-Pierre, dont notre Panthéon offre un spécimen; le palais du Vatican, immense édifice contenant d'immenses richesses artistiques, surtout dans la chapelle Sixtine qui est l'œuvre de Michel-Ange; les loges de Raphaël, peintes par cet illustre artiste; la bibliothèque qui est la plus complète de toutes celles de l'Italie.

Malgré tout notre désir de voir le Saint-Père, il ne nous fut pas donné

de le rencontrer, et nous quittons Rome émerveillés de toutes les richesses que contient cette ville sur laquelle depuis vingt siècles tout l'univers a les yeux, où tous ceux qui possèdent un sentiment artistique désirent aller, et où l'on désire retourner lorsqu'on l'a quittée.

Nous faisons cependant une excursion à Tivoli, jardin magnifique plein de cascades et d'accidents de terrain, puis nous nous dirigeons vers Pérouse.

XV

PÉROUSE, ANCONE, FERRARE, PADOUE.

La route de Rome à Pérouse. — Sienne. — Viterbe. — Castellana. — Narni. — Terni. — Spoletto. — Assisi. — Bastia. — Pérouse. — Ancône. — Ferrare. — L'Arioste. — La prison du Tasse. — Rovigo. — Padoue. — La cathédrale. — Les églises. — L'hôpital des Enfants trouvés. — La route de Padoue à Venise.

Après avoir quitté la ville éternelle où nous sommes restés plus de temps que nous ne le devions faire, nous nous rappelons seulement alors que le comte B... nous a donné rendez-vous à Venise pour la fin du mois de juin, et nous sommes au 8 juillet.

Nous délibérons; chacun de nous propose un expédient pour nous tirer d'affaire avec cette promesse à laquelle nous avons manqué. Ernest propose de lui écrire pour nous excuser et lui dire que nous ne serons à Venise que vers la fin du mois; mais, après une explication assez longue, il est convenu que nous prendrons des voitures pour nous transporter le plus vite possible à Venise en passant par Pérouse, Ancône et Ferrare.

Nous faisons donc marché avec un conducteur de vetturino et nous voilà partis par la route de *Sienne*, dans cette ville qui a donné son nom à une couleur fort en usage chez les peintres; nous changeons de voiture, nous passons à Viterbe, à Civita Castellana, à Narni, Terni, Spoletto, Foligno, Assisi, Bastia, et enfin nous arrivons à *Pérouse*.

Cette ville, qui est à trois lieues du lac *Trasimène*, occupe une éminence au pied de laquelle passe le Tibre. Elle est entourée de grandes murailles : ses larges rues sont bordées d'antiques palais, et ses vastes basiliques élèvent leurs dômes à des hauteurs immenses. Pérouse est très-riche en peintures; on admire dans la cathédrale bâtie dans le style gothique et consacrée à saint Laurent des ouvrages du maître de Raphaël, Vanucci surnommé le Pérugin, de Vicar, de Luc Signorelli et du Scaramuccia.

L'église de Saint-Pierre possède trois tableaux de Vasari et un Jésus-Christ porté au tombeau, belle copie faite par Sassoferrato d'après un original de Raphaël; les siéges du chœur de cette église sont sculptés en bois aussi d'après les dessins de Raphaël et sont bien dignes d'être examinés.

On voit dans l'église de Sainte-Marie d'Iossi le précieux tableau de Perugino représentant la Vierge et sainte Anne assises avec saint Joseph, saint Joachim, les deux Marie et leurs enfants autour d'eux.

L'église Saint-Augustin compte, parmi les belles peintures qui la décorent, les ouvrages du Perugino et d'Antoine Viviani. Nous admirons à *Santa-Maria di monte Luce*, autre église, le fameux tableau du Couronnement de la Vierge, qu'on attribue communément à Raphaël, mais dont le célèbre artiste n'a fait que le dessin, le reste étant du Fattore et de Jules Romain, ses élèves.

Le tableau de l'Adoration des Mages dans l'église de Saint-Antoine est un bel ouvrage de Perugino, et dans celle de Saint-Sévère on remarque une chapelle enrichie de fresques par Raphaël, alors qu'il était encore jeune.

L'église de *Santa-Maria Nuova* possède un tableau magnifique d'André

Sacchi représentant la Purification de la Vierge et une Assomption du Guide.

Les autres églises de Pérouse, telles que celle des Dominicains, de Saint-Philippe, de Saint-Herculien, de Saint-Jérôme, etc., offrent toutes des objets de curiosité qui attirent notre attention. Plusieurs particuliers possèdent aussi des tableaux de grand prix.

On voit dans l'Hôtel de ville un beau tableau de Perugino. Les peintures qui embellissent le collége du Change ainsi que la chapelle contiguë sont dues au même pinceau, et l'on distingue parmi elles un des chefs-d'œuvre de cet artiste, dont quelques parties furent exécutées par Raphaël.

Pérouse conserve encore quelques monuments qui attestent sa haute antiquité : on remarque sur la place Grimani une porte que l'on prétend être un reste de l'arc élevé en l'honneur d'Auguste, et dans l'église Saint-Ange, bâtie sur les ruines d'un temple païen, on lit une inscription fort ancienne qui a rapport au temple même.

Après avoir visité la ville en courant, nous prenons la voiture qui doit nous conduire à Ancône. Cette manière de voyager ne nous va pas beaucoup, on perd énormément à être enfermé dans une caisse étroite, sans air, d'où l'on peut à peine apercevoir le paysage qui cependant est fort joli aux environs de Pérouse.

Ancône est une ancienne ville bâtie sur le penchant d'une colline qui s'avance dans la mer. Son port, de forme circulaire, défendu par deux môles, est un des plus beaux et des plus fréquentés de l'Italie. Trajan le fit considérablement agrandir, et ce fut pour marquer leur reconnaissance à cet empereur que les habitants érigèrent en son honneur l'arc de triomphe que nous voyons sur la jetée du port, à l'entrée du môle.

Assez près est un autre arc de triomphe moderne élevé en l'honneur du pape Clément XII qui avait commencé le môle et le lazaret. Ce second arc, d'ordre dorique, est assez estimé.

Ancône, vue du côté de la mer, présente le plus beau coup d'œil ; mais l'intérieur de la ville n'a rien d'agréable, ses rues sont étroites et ses maisons peu considérables. On y tolère en faveur du commerce toutes les religions, ce qui contribue beaucoup à augmenter la population qu'on évalue à trente mille habitants, en y comprenant environ six mille juifs qui s'occupent d'un commerce très-actif.

La cathédrale dédiée à saint Cyriaque est située sur la pointe du cap, où était autrefois le temple de Vénus. Les autres églises renferment quelques tableaux de prix dont quelques-uns sont du Guerchin, du Titien, etc.

Le nouveau théâtre est fort beau ainsi que la promenade de la porte Pie. L'église Saint-Augustin est ornée extérieurement d'un bas-relief en marbre et de statues de Mocrio, sculpteur de talent, qui a également enrichi la porte extérieure de l'église Saint-François della Scale.

La route d'Ancône à Ferrare longe les bords de l'Adriatique, et on y jouit de points de vue magnifiques.

Ferrare. L'aspect de la ville est imposant, ses rues sont bien aérées ; celle de Saint-Benoît a près de deux mille mètres de longueur et est alignée jusqu'à la porte Saint-Jean. Les édifices publics et particuliers sont beaux, les rues larges, longues quelquefois de plus d'un kilomètre ; les plus belles sont celles de San Benedetto, Giovica ; la citadelle placée au couchant de la ville est grande, forte et régulière ; mais depuis la fin du seizième siècle, la population, l'industrie et le commerce sont dans le plus grand état de décadence et de langueur. Les campagnes mêmes des environs ne sont pas mieux peuplées, ce qu'on attribue à l'air malsain qui s'exhale des marais dont une grande partie du Ferrarais est couverte.

Au milieu de la ville est un château, ancienne résidence des grands-ducs ; il est flanqué de grosses tours. Près de ce château est le Palais des nobles, au-devant duquel on voit deux statues de bronze sur des colonnes très-élevées ; elles représentent deux grands-ducs de Ferrare.

La cathédrale, qui est située vis-à-vis le Palais des nobles, est dédiée à saint Georges et bâtie en croix grecque. Sa façade gothique est d'assez bon goût; on y admire un Saint Laurent par le Guerchin, un Jugement dernier copié ou du moins moins imité de Michel-Ange, et le tombeau de Lilio Grégorio Giraldi que M. de Thou regarde comme un des hommes les plus savants de son siècle. Rien n'égale la beauté des miniatures qu'on admire dans les livres de chant de cette église; ils sont préférables peut-être à ceux que l'on voit à Sienne.

L'église de l'ancien collége des Jésuites possède un Saint Stanislas reçu par les anges et un Saint François-Xavier ressuscitant un mort, par l'Espagnolet.

Dans celle du couvent des Bénédictins est un tableau de Bononi, représentant le festin d'Hérode et d'Hérodias, sous les traits du duc Alphonse et de sa maîtresse. Cette église était encore plus célèbre par le tombeau de l'Arioste, qui y fut enterré, que par ses peintures. Le mausolée, qui est en marbre blanc, a été, depuis, transporté à la bibliothèque publique, où l'on voit des autographes de ce poëte, du Tasse et de Guarini.

La statue élevée récemment à l'Arioste par deux artistes de Ferrare fait honneur à leur talent; elle s'élève sur une place bien ombragée qui est une véritable promenade.

L'hôpital Saint-Antoine est le lieu où le duc Alphonse tint longtemps enfermé le Tasse, sous prétexte de folie, digne récompense que ce poëte reçut d'un prince qu'il avait immortalisé dans ce beau passage de la JÉRUSALEM DÉLIVRÉE : *Tu magnanimo Alfonso*.......

Cette prison est un but de pèlerinage obligé de tous les touristes, et nous n'y manquons pas. Tous les grands poëtes de nos jours s'en sont émus. Gœthe a fait des recherches à cet égard; Lamartine y a écrit des vers. Lord Byron s'y est fait enfermer pendant deux heures et en a rapporté le sujet des *Lamentations du Tasse*.

Nous quittons Ferrare, et la voiture que nous prenons nous conduit à Padoue, en passant devant Rovigo que nous laissons sur notre droite.

Padoue est de forme triangulaire ; elle a près de trois lieues de tour et ne compte que 60,000 habitants ; aussi paraît-elle déserte.

Il y a quatre belles portes ou barrières, savoir : celle du Portello, riche et magnifique architecture de Guillaume Bergamasio, celles de Savonarola et de Saint-Jean dessinées par Falconetto qui ressemblent à des arcs de triomphe, et celle de Santo Benedetto, élevée par Ramusio.

La cathédrale, vaste édifice commencé en 1123, n'a été finie qu'en 1754 ; on voit dans cette église une Vierge du célèbre Giotto, le restaurateur de la peinture en Europe, donnée à François Carrara par Pétrarque qui regardait ce morceau comme un chef-d'œuvre de l'art.

Dans la sacristie, on conserve un Évangile écrit par un certain Jean Caibona, en 1170 ; un livre des Épîtres daté de 1259 ; un Missel avec de belles miniatures, imprimé sur vélin à Venise en 1491, et un curieux vase d'argent doré, orné de figures profanes en bas-relief. On y remarque plusieurs tableaux parmi lesquels une Vierge du Titien, un Saint Jérôme et un Saint François de Jacques Palma le jeune ; une Vierge de Sassoferrato, et un portrait de Pétrarque.

L'église de l'*Annunziata all'Arena*, construite en 1303, est ainsi appelée parce que la place qui est devant montre encore les vestiges d'une *arena*, c'est-à-dire d'un amphithéâtre antique. L'intérieur de cette église est couvert de fresques du Giotto, la plupart bien conservées.

Les deux autres églises les plus remarquables de la ville sont encore celle de Saint-Antoine, le patron de la ville, et celle de Sainte-Justine.

Parmi les monuments curieux que nous visitons, je citerai le même Palais de justice, le Palazzo de' Capitani, la bibliothèque publique, la Loggia, et l'archevêché qui renferme une assez belle galerie de tableaux.

Nous quittons Padoue pour aller visiter la merveille de l'Italie, c'est-à-dire Venise. J'ai omis de dire que depuis la paix de Villafranca, grâce à de bonnes recommandations, il nous avait été permis, en montrant force papiers en règle, de pénétrer dans la Vénétie ; c'est ce qui explique notre voyage dans ce malheureux pays.

De Padoue à Venise, la nature se présente dans toute sa beauté; le paysage est délicieux, le terrain d'une fertilité étonnante. On croit être dans les faubourgs d'Antioche et de Daphné ; tous ceux, du reste, qui ont fait ce voyage font la même peinture du pays.

Les yeux se promènent sur une plaine immense variée par une infinité de villages, de chapelles, de maisons de plaisance ornées de terrasses et de jardins. Bientôt on arrive à Fusine où l'on s'embarque ; la rivière et le canal sont couverts de gondoles et de barques qui montent et descendent ; partout on voit une population nombreuse et active.

C'est donc en gondole que nous entrons à Venise.

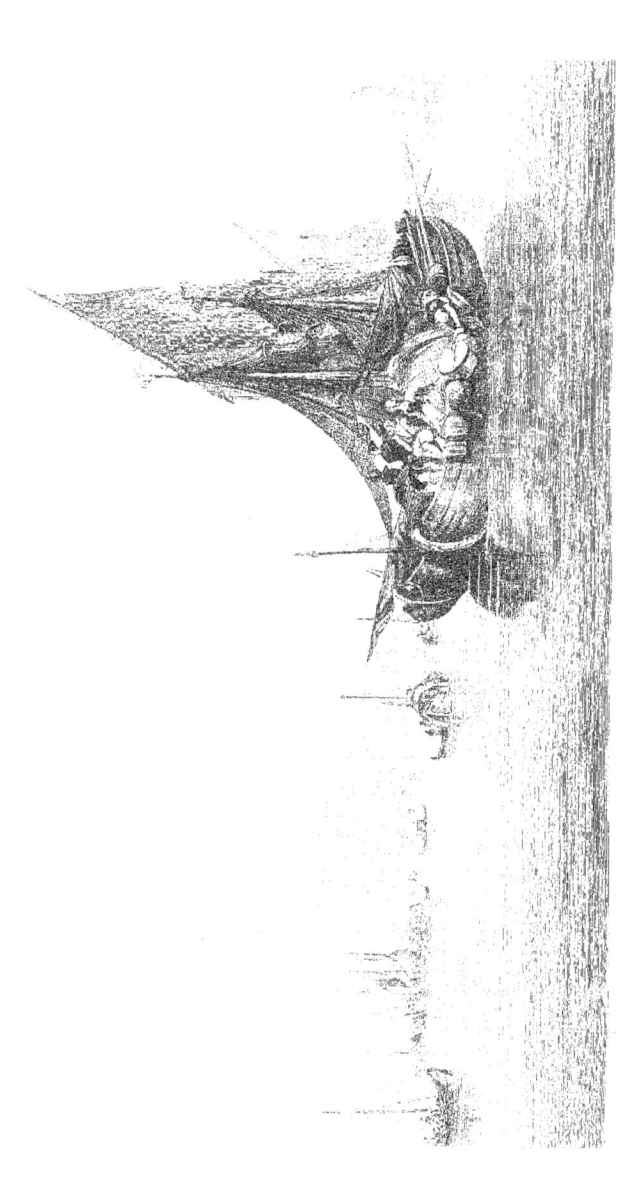

XVI

VENISE.

Venise. — Aspect de la ville. — Impossibilité à l'auteur de détailler les curiosités. — Il les cite seulement. — Les églises. — Saint-Georges-Majeur. — Les palais. — La place Saint-Marc. — Les promenades. — Les jardins. — Les ponts. — Nous quittons Venise.

Venise présente au voyageur qui la voit pour la première fois le spectacle le plus singulier et le plus étonnant; aussi dit-on qu'il faut la connaître et l'avoir habitée pour s'en faire une idée. Elle est entièrement bâtie sur pilotis dans des lagunes qui sont une espèce de lac séparé de la mer par des bancs de sable, et se compose de cent-cinquante îles très-rapprochées les unes des autres, divisées par des canaux, et réunies par trois cents ponts, dont quelques-uns sont assez beaux.

Venise est une des villes les plus merveilleuses de l'Italie. Je voudrais pouvoir la décrire comme elle doit l'être; mais le cadre exigu de cet ouvrage ne me permet que d'en donner une idée.

Les monuments sont très-nombreux. Parmi eux, je citerai l'église Saint-Marc, construite sur une place décorée tout alentour de magnifiques édifices. C'est là que se trouve le Campanile. Nous nous engageons dans l'escalier tournant qui mène au sommet de cette tour; nous nous arrêtons au tiers environ de sa hauteur, et de là nous laissons tomber un coup d'œil au dehors sur le sol que nous venons de parcourir. A cent pieds au-dessous de nous s'étend la place Saint-Marc, le port et le quai des Esclaves qui décrit une profonde cavité demi-circulaire, baignée par la mer depuis le palais ducal jusqu'à la langue de terre qui forme à présent le jardin public.

Ces matelots aux jambes velues, au teint de brique, aux bras musculeux, ces pêcheurs, ces gondoliers, ces porte-faix, ces mendiants, ces bourgeois oisifs qui criblent les places et les quais, c'est le peuple de Venise!

Nous montons encore, et nous nous arrêtons à deux cents pieds de terre, aux deux tiers environ de la hauteur du Campanile. L'horizon s'est élargi. Tout à l'heure nous n'apercevions que des hommes et des maisons; maintenant nous embrassons la ville, la ville dans son ensemble, avec toutes les parties qui constituent cet ensemble; nous saisissons l'étendue!

Nous nous livrons tout entiers à cette étrange apparition qui semble naviguer comme une frégate à cette île de marbre, et qui a pris la mer pour point d'appui de ses trente mille maisons. La nature et l'art resplendissent dans tout leur éclat au milieu de cette sphère où nous sommes. Les détails s'effacent, les ensembles se détachent, les ombres et les lumières se classent, tout se groupe et s'harmonise. Ce n'est plus la terre, quoique ce ne soit pas encore le ciel. C'est Venise!

Nous montons encore, et nous atteignons le sommet du Campanile. Là ce n'est plus seulement une ville et ses poétiques contours, c'est un empire, c'est un monde sur lequel nous planons; l'immense dédale des lagunes et des villes qui les peuplent, la mer, le ciel, la terre ferme, et du côté du nord les Alpes avec leur rideau de neige.

Venise alors nous apparaît dans toute sa splendeur. C'est toujours la cité des doges, riche, puissante, heureuse, dormant dans les plaisirs au sein de la lagune, la tête cachée sous son aile comme un beau cygne blanc sur un lac.

Comme du haut de ce belvédère Venise est plus magnifique, et comme ces merveilles qui l'entourent servent puissamment à rehausser la coquet-

terie de ses formes et l'étrangeté de son attitude ! Là, au sein de cette lagune, entre le ciel et l'eau, au milieu de cet océan de toits plats légèrement inclinés, nous voyons saillir, se découper en dentelures, s'arrondir en coupoles la basilique de Saint-Marc, moitié grecque, moitié arabe, avec sa sublime confusion de pierres précieuses, de monuments d'histoire et d'art, avec son or, ses bronzes, ses sculptures, ses mosaïques qui ont coûté huit siècles à rassembler !

En face de nous, du côté de la mer, c'est l'île de Saint-Georges-Majeur et son église, ouvrage du célèbre Palladio ; puis le palais ducal qui frappe de surprise et d'admiration par la singularité, la hardiesse et la magnificence de sa structure et de son architecture ; dans ce palais, on voit l'escalier des Géants, sur le palier duquel les doges étaient couronnés.

L'église de Saint-Georges-Majeur est un temple magnifique en forme de croix latine avec onze autels ; l'Académie des Beaux-Arts contient de très-riches peintures, presque toutes de l'école vénitienne. Parmi les autres églises, je citerai Saint-Zacharie, bâti en 1457; Saint-Laurent, Saint-Antonino, contenant des peintures de Palma; Saint-Georges-des-Esclavons, décoré de tableaux de Carpaccio; Saint-François-de-la-Vigna, qui renferme dix-sept chapelles; Saint-Pierre, temple vaste et ancien; Saint-Joseph, où se trouve un tableau de Paul Véronèse ; la Nativité-de-Notre-Seigneur, Saint-Jean-de-Bragora, Sainte-Marie-de-la-Pitié, église élégante de forme ovale; Sainte-Marie-de-la-Salute, qui contient cent-vingt-cinq statues ; Saint-André, où se trouve le saint Jérôme dans le désert, le plus beau nu de Paul Véronèse ; l'église du Rédempteur, chef-d'œuvre de Palladio ; Saint-Gervais et Saint-Protais, qui contient des bas-reliefs en marbre d'un travail merveilleux, ouvrage du quinzième siècle ; Notre-Dame-des-Carmes, où l'on voit des tableaux du Tintoret ; Saint-Pantaléon, qui possède un magnifique tabernacle sculpté par Joseph Sardi, etc.

Après huit jours passés à Venise, nous quittons cette ville pour nous acheminer vers Vicence.

XVII

VICENCE, VÉRONE, MANTOUE, BRESCIA, LAC DE GARDE.

La route de Venise à Vicence. — Histoire de Vicence. — Le pont delle Barche. — Le théâtre Olympique. — Les palais. — Route de Vicence à Vérone. — Vérone. — Sa situation. — Le château Saint-Ange. — L'amphithéâtre. — Les églises. — Mantoue. — Son aspect. — La cathédrale. — Saint-André. — Le palais ducal. — Brescia. — Son histoire. — Ses monuments. — Le lac de Garde.

De Venise à Vicence la route est belle; nous ne tardons pas à arriver dans cette dernière ville au galop de deux vigoureux chevaux.

On croit que Vicence fut fondée par les Gaulois Sénonais, 392 ans avant Jésus-Christ. Cette ville, d'une forme assez régulière, a environ une lieue de tour. Elle est environnée d'une double muraille et traversée par deux rivières, espèces de torrents qui la désolent par leurs fréquentes inondations. Il y a six ponts, dont l'un, appelé delle Barche, est remarquable et par la grandeur de la seule arche dont il se compose et par la beauté de ses parapets décorés d'une balustrade de marbre, ce qui fit dire à un plaisant : « *Achetez une rivière, ou vendez le pont.* »

En général, à Vicence, les édifices publics n'ont ni la richesse ni la beauté des bâtiments particuliers. Le célèbre architecte Palladio, qui était né dans cette ville, y déploya ses talents d'une manière si brillante,

qu'il inspira à ses concitoyens le goût le plus vif pour la belle architecture.

Le plus beau monument du génie et des talents de Palladio est le théâtre Olympique, ainsi appelé du nom de l'Académie olympique établie à Vicence, et l'une des plus anciennes de l'Italie.

Parmi les palais de Vicence, il faut d'abord compter les deux palais publics. Celui appelé la Ragione, dans lequel se rend la justice, est situé sur la place de' Signori ; c'est un grand et bel édifice de Palladio ; il est orné de deux beaux portiques l'un sur l'autre.

Sur un des côtés de la même place, et vis-à-vis le palais de la Ragione, est celui qu'on appelle palazzo del Capitanio, qui est d'ordre composite, aussi de Palladio.

La place de l'Isola, près de laquelle les deux rivières se réunissent, est vaste, mais ses maisons sont ordinaires. Là, nous remarquons le beau palais des comtes Chiericati ; il est encore de Palladio. Le premier ordre forme un péristyle, colonnes doriques ; le second est décoré de colonnes ioniques.

On compte plus de soixante églises à Vicence ; mais elles ne renferment que peu d'objets de curiosité. La cathédrale n'est remarquable que par une vaste tribune qui produit un assez bel effet.

Nous ne voyons dans la ville que peu d'antiquités. Quelques ruines d'un théâtre qu'on croit avoir été bâti du temps d'Auguste, et du palais impérial qui en était proche, dans les jardins de Pigasetta ou Batistelli ; une partie de l'aqueduc qui y portait des eaux, dont on aperçoit trois arcs au village de l'Obia ; une statue d'Iphigénie en marbre grec qui est aux Dominicains ; un chapiteau de colonne qui sert de bénitier à Saint-Thomas ; un morceau de colonne cannelée qui est sur la place Gualdi : voilà tout ce qui a échappé à la destruction.

Sur la route de Vicence à Vérone, trajet de dix lieues, on ne rencontre que deux villages : Montebello et Torre de' Confini. Le pays que nous traversons est pierreux, mais couvert de mûriers. De tous côtés s'élèvent des treilles qui, passant d'un arbre à l'autre, forment des guirlandes de verdure dont l'aspect charme les yeux. La route longe une chaîne de petites montagnes, presque partout cultivées, qui s'unissent aux Alpes Trentines.

Vérone est agréablement située sur l'Adige, qui la traverse. C'est une des plus anciennes villes de l'Italie, et en même temps la plus belle de celles du second ordre. Les fortifications construites par San-Micheli sont considérables. On remarque la Porte-Neuve, à droite de l'Adige, d'une architecture plus militaire et surtout plus convenable au nouveau système de fortifications.

Le château Saint-Ange, dont nous voyons les restes, attire notre attention, ainsi que le bastion appelé le bastion d'Espagne, regardé comme un chef-d'œuvre, eu égard à l'époque où il fut construit.

Parmi les monuments d'antiquité qu'on trouve dans la ville, je citerai d'abord les arcs de triomphe. Le premier, appelé Porta di Rosa, fut construit sous Galien en 252; le second, Porta del Foro Giudizile, et le troisième près de Castel-Vecchio, œuvre de Vitruve, élevé en l'honneur de la famille Gavia.

Mais ce qui attire surtout notre attention, c'est l'amphithéâtre. Cet édifice est de forme ovale; il a extérieurement quatre cent soixante-quatre pieds de long et trois cent soixante-sept de large; l'arène a deux cent vingt-cinq pieds sur cent trente-trois. Tout autour règnent quarante-cinq rangs de gradins, qui pouvaient contenir vingt-cinq mille spectateurs assis.

On croit que l'amphithéâtre de Vérone fut construit sous le règne de Domitien ou de Trajan, c'est-à-dire vers la fin du premier siècle.

Les églises de Vérone contiennent peu de peintures curieuses, à part quelques tableaux de Paul Véronèse.

Du reste, la quantité innombrable de troupes qui étaient encore à Vérone, les ordres sévères du commandant de la place mettaient beaucoup d'entraves à notre visite aux édifices publics. Aussi, après avoir visité l'amphithéâtre, nous nous mettons en quête d'un moyen de locomotion pour nous rendre à Mantoue; mais on nous fait observer que nous aurions

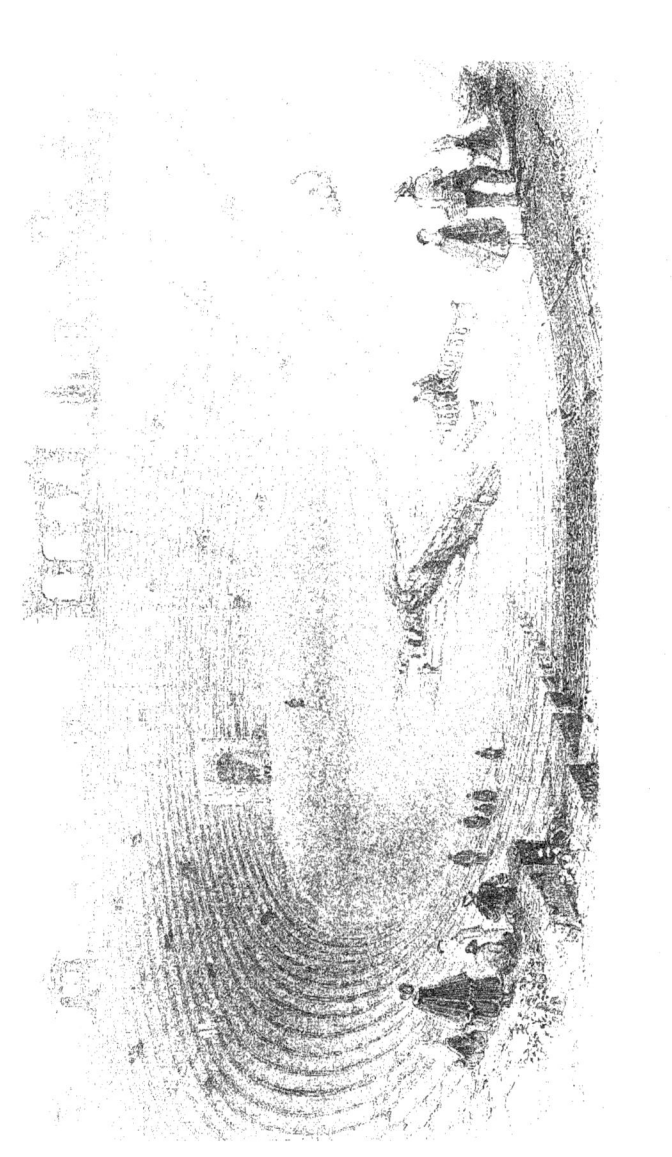

plus de mal encore à visiter cette ville, et nous nous résignons à n'y point aller, surtout après quelques explications sur cette place forte que nous donne un officier hongrois.

Mantoue, nous dit-il, est une assez belle ville. Ses rues sont larges et alignées, ses places grandes et régulières, ses fortifications et sa citadelle en bon état. Elle a été beaucoup plus considérable qu'elle ne l'est aujourd'hui; vers la fin du quatorzième siècle on y comptait 50,000 habitants.

La ville est séparée de la terre par deux cents toises de lac du côté de Crémone, et par quatre-vingts du côté de Vérone. Elle est tellement engagée dans les marais qu'on ne peut l'aborder que par les chaussées.

Parmi les édifices publics dont Mantoue est ornée, le plus remarquable est la cathédrale construite sur les dessins de Jules Romain.

On voit à Saint-André des peintures à fresque de Jules Romain, ainsi que le tombeau du Mantouan, poëte et général de l'ordre des carmes, et celui d'André Mantegna, maître du Corrège.

Les autres églises de Mantoue possèdent des objets fort précieux, et particulièrement l'église Sainte-Égide, qui contient le tombeau du Tasse, père du grand poëte.

Parmi les palais, je vous citerai le palais ducal, qui fut mis au pillage lors de la prise de Mantoue en 1630; il contenait des curiosités d'un prix infini, mais tout fut dévasté.

Le palais du Té, ainsi nommé parce qu'il a la forme de la lettre T, est le plus bel édifice de Mantoue. Il est situé dans une île et environné de jolies promenades.

Maintenant, ajouterai-je que c'est la patrie de Virgile? Vous le savez aussi bien que moi. Voilà ce qu'est Mantoue.

Satisfaits de ces renseignements, nous remercions l'officier et nous changeons notre direction. Nous nous assurons d'une voiture; ce n'est pas sans peine que nous en trouvons une, et quittant Vérone et ses armées autrichiennes et ses ambulances, serrant la main à nos compatriotes prisonniers qui vont bientôt revoir la France, nous partons pour Brescia, où bientôt nous arrivons.

L'histoire de Brescia, dont l'antique origine est inconnue, commence au moment où Jules César inscrit ses habitants dans la tribu de Favia. Gouvernée par des ducs lombards de 569 à 744, elle le fut par des comtes jusqu'en 1200 ; puis elle devint l'une des villes municipales de la Lombardie. Elle se constitua en république et prit part à la lutte entre les Guelfes et les Gibelins ; elle prit parti pour les premiers. Carmagnola la conquit en 1426 sur Visconti, duc de Milan. Prise en 1509 par les Français, elle les chassa en 1512 ; Gaston de Foix la prit et la livra au pillage. — Bayard fut blessé à ce siége et soigné par une noble dame ; chacun sait *la grande courtoisie qu'il lui fist au partir*, en refusant ses présents par cette noble et chevaleresque parole : « Dieu ne m'a pas mis en ce monde pour vivre de pillage et de rapines. » Depuis 1796, Brescia a suivi la fortune de la Lombardie.

Brescia possède plusieurs églises : deux cathédrales, l'ancienne, dite la Rotonda, au centre de la ville, remarquable par la basilique souterraine de Saint-Philastre, monument des septième et huitième siècles ; la nouvelle, construite en marbre, dont la coupole est la plus grande de l'Italie après Saint-Pierre de Rome ; Santa-Affra, Saint-Barnabas, Saint-Nazaire et Saint-Celse, où se remarquent divers tableaux de l'illustre Titien.

On y remarque en outre plusieurs édifices importants. Le palais de la commune est remarquable par son architecture, mélange de gothique et de grec ; il fut bâti par Bramante sur les ruines d'un temple de Vulcain. On y voit de belles peintures à fresque. A côté de l'évêché, édifice considérable, est la bibliothèque publique que le cardinal Quirini donna à la ville. On y voit un beau cabinet de physique, une riche collection de dessins et de modèles destinés aux jeunes gens qui cultivent les beaux-arts, ainsi qu'une belle galerie d'estampes.

Le palais Avogadro possède trois salles peintes à fresque par le Romanino et d'autres peintres célèbres.

Des fouilles faites dans une partie de la ville ont amené la découverte d'un superbe temple, construit en 72 et consacré à Vespasien. On a trouvé non loin de là une statue en bronze de deux mètres de hauteur, représentant la Victoire; cette statue est la plus belle œuvre en bronze que l'on connaisse. Trois chambres contiguës attenant au temple sont destinées à recevoir les objets qu'on découvre.

Les environs de Brescia sont très-fertiles. Les principales branches de commerce sont la soie, le fer, le lin, la laine et les étoffes. Brescia a toujours été renommée pour la fabrication des armes à feu ; de là le proverbe italien :

Tutta Brescia non armereble in coglione.

Après avoir visité Brescia, nous allons faire une excursion sur le lac de Garde.

Connu des anciens sous le nom de Benacus, ce lac est le plus grand de toute l'Italie; il a trente-trois milles de long sur trois lieues de large. Sa profondeur, très-variable, est de près de trois cents mètres au moins en quelques endroits; c'est entre Gargnano et Casteletto qu'elle est la plus grande. Ce lac est souvent exposé à des tempêtes qui soulèvent les vagues à une grande hauteur.

Au milieu du lac est l'île Lecchi où nous abordons. C'est un endroit poétique et sombre, couvert d'arbres, et où les amants de la solitude trouvent des grottes profondes dans lesquelles ils peuvent rêver comme le firent Virgile et Catulle.

Revenus à Brescia, nous prenons un voiturin qui nous conduit à Lugano.

XVIII

LAC DE LUGANO, LAC DE COME.

RETOUR EN FRANCE.

Lugano. — La cathédrale. — La statue de P. Marchesi. — Nous nous promenons sur le lac de Côme. — Nous retournons à Milan. — Nous serrons les mains au comte et à la comtesse. — Notre retour en France. — Exclamation poétique.

Notre itinéraire, si rigoureusement tracé par Ernest, avait subi, comme a pu s'en apercevoir le lecteur, bon nombre d'infidélités. En voyage, l'homme propose, et la fantaisie dispose. Comment suivre une route élaborée dans le silence du cabinet, lorsque des événements de l'ordre le plus grave et le plus palpitant se jettent à la traverse et vous entraînent dans leur tourbillon?

Nous étions à Lugano, charmante ville située pittoresquement au bord d'un des golfes du lac de ce nom. Nous fîmes l'ascension du mont Camaghé; le magnifique panorama qu'on découvre au sommet nous dédommagea amplement des fatigues de l'ascension. Après une journée passée à

nous promener sur le lac, dont les rives sont charmantes et prêtent à l'inspiration des lakistes, une antique diligence nous conduisit en 4 heures à Côme.

La cathédrale, l'une des plus belles de l'Italie, attira notre attention ; commencée au quatorzième siècle (1396), elle fut terminée au seizième (1526) par T. Rodario, à la fois architecte et sculpteur. Cependant la coupole ne fut complétement terminée qu'au dix-huitième siècle (1732) par Juvara. Le visiteur peut ainsi se rendre compte de la variété architecturale de ce monument. On prétend que Bramante a dessiné le baptistère. Nous y remarquâmes les statues des deux Pline, nés à Côme ; elles sont du seizième siècle. Les fresques ont pour auteurs Lenici et Ferrari.

Nous saluons en passant sur la place Volta la statue du grand physicien de ce nom, due au ciseau du chevalier P. Marchesi.

Enfin nous louons une barque, et quatre vigoureux bateliers nous promènent sur le lac de Côme au bruit cadencé de leurs rames.

Ce lac, formé par l'Adda et la Maira, prend naissance au pied des Alpes Lépontiennes et Rhétiques, et s'étend depuis Riva di Chiavenna jusqu'à Como et à Lecco. Il reçoit environ soixante cours d'eau. Il a des crues de 15 pieds après la fonte des neiges. On pêche dans ses eaux des truites saumonées, des brochets, des anguilles. Les montagnes qui l'entourent ont plus de 2,000 mètres d'élévation, et forment en s'abaissant des collines couvertes d'une luxuriante végétation, et parsemées de villas splendides, dont les terrasses sont couvertes de vignes, de myrtes et de citronniers. Rien n'est plus enchanteur que ce superbe paysage auquel l'Italie ne peut rien opposer ; là, sous le ciel bleu du Midi, au pied des Alpes, dont les glaciers dressent fièrement leurs stalactites gigantesques, toute une flore tropicale s'épanouit. Beau pays, où la vie semble n'être qu'un perpétuel enchantement, propice aux fantaisies de l'imagination, où le poëte peut à son gré poursuivre la chimère de l'idéal, ou suivre la spirale infinie de ses visions esthétiques.

Après une délibération solennelle, il fut décidé que nous retournerions à Milan expliquer au comte B*** les causes de notre retard et notre inexactitude à nous rendre au rendez-vous qu'il nous avait donné à Venise.

Ainsi fîmes-nous. Inutile de dire que nous fûmes reçus par le comte et sa noble épouse avec cette cordialité digne et affectueuse qui est comme le parfum de l'hospitalité.

Nous passâmes quelques jours avec nos aimables hôtes à nous entretenir des événements accomplis, de nos espérances, de nos regrets. Des lettres venues de France sollicitaient notre retour. Il fallait accéder à la demande de nos familles, et bientôt nous retrouvons la route de la Corniche qui nous ramène à Nice, Nice, encore piémontaise à l'heure où nous foulons son sol, mais française aujourd'hui depuis le 14 juin 1860 ; nous saluons cette cité qu'habitent nos futurs compatriotes, et quelques heures plus tard, frappant du pied le sol natal, nous répétions tous trois, en saluant la France, ce vers de Tancrède :

A tous les cœurs bien nés que la patrie est chère !

FIN.

Paris — Imprimerie de P.-A. BOURDIER et Cie, rue Mazarine, 30.